Bis die Sterne zittern

JOHANNES HERWIG

Grußwort des Autors Johannes Herwig

Johannes Herwig
© opere.in.chiaroscuro

Liebe Leserin, lieber Leser,

ein Stück weit ist *Bis die Sterne zittern* aus Naivität entstanden. Die Geschichte der Leipziger Meuten war eine historische Nische, über die kaum jemand etwas wusste, auch ich selbst bin nur durch Zufall auf sie gestoßen. Vieles an dieser ersten selbstorganisierten Jugendsubkultur überhaupt hat mich fasziniert: Ihr Mut, ihr rebellischer Geist, die Ablehnung der Nazi-Ideologie trotz der allgegenwärtigen Diktatur. Ich hatte die Idee, diese Jungs und Mädchen bekannter zu machen. Mit einem Buch, das aus historischen Fakten eine spannende Story macht. Die man gern liest, die unterhält, die aber natürlich auch zum Nachdenken anregt.

Heute hat das Buch den Weg zu dir gefunden. Das bedeutet mir richtig viel! Jede einzelne Leserin und jeder einzelne Leser macht mich glücklich. Nicht zuletzt, weil ich mit so einem Erfolg nie gerechnet hätte. Klar war ich von meiner Idee überzeugt, aber es war eben doch auch ein Stück Naivität dabei, diese Idee wirklich in die Tat umzusetzen. Ein Buch ist immer ein Wagnis, und das erste erst recht. Eine Garantie auf Erfolg gibt es nie, und die Zahl der inneren Schweinehunde, die ich beim Dranbleiben an meinem Projekt überwinden musste, kann ich kaum zählen. Insofern darf ich euch aber ermutigen, eure eigenen Träume anzugehen – ganz egal, wie naiv sie scheinen mögen. Habt Geduld mit anderen, habt Geduld mit euch selbst.

Viel Vergnügen mit meinem Buch!

Johannes Herwig

Schülerarbeitsheft

Irina Goldschmitt
Florian Fuchs

Krapp & Gutknecht

Inhaltsverzeichnis

Vorwort 3

Vor dem Lesen 4

Einteilung in Leseabschnitte 5

Buchübergreifendes 6

Steckbriefe 8

Figuren- und Gruppenkonstellation 12

Sicherung und Erschließung des Inhalts

Abschnitt 1 – Postskriptum (S. 249–253) 14

Abschnitt 2 – Prolog (S. 7–11) 16

Abschnitt 3 (S. 13–36) 19

Abschnitt 4 (S. 37–82) 22

Abschnitt 5 (S. 83–107) 27

Abschnitt 6 (S. 108–141) 33

Abschnitt 7 (S. 142–166) 38

Abschnitt 8 (S. 167–182) 41

Abschnitt 9 (S. 183–219) 44

Abschnitt 10 (S. 220–247) 48

Hintergrundinformationen

Innenpolitik des Deutschen Reiches in den Jahren 1936 und 1937 53

Außenpolitik des Deutschen Reiches in den Jahren 1936 und 1937 54

Leipzig in den Jahren 1936 und 1937 55

Das öffentliche Schulsystem in der NS-Zeit 56

Die Hitlerjugend und der Bund deutscher Mädel 57

Ausgewählte Organisationen im Dritten Reich – SA, SS und Gestapo 58

Paragraph 175 – Der „Schwulenparagraph“ 59

Meine Gedanken zum Roman 60

Realschulabschlussprüfung Deutsch des Freistaates Sachsen 62

Aufgaben im Stil der Abschlussprüfung 63

Textsortenmerkmale zu den produktiven Schreibaufgaben 65

Tipp: Du findest den Zeilenmesser für deine Lektüre zum Ausdrucken auch im Downloadbereich.

Vorwort

Liebe Schülerin, lieber Schüler,

vor bald 100 Jahren begann im damaligen Deutschland eines seiner dunkelsten Kapitel. Zwar wurde 1933 die Machtergreifung von vielen Menschen begrüßt und bejubelt – und doch war vielen bereits bewusst, welchen Weg Deutschland unter den Nationalsozialisten beschreiten würde.

Durch Verbote, Einschüchterungen, Drohungen, Verfolgungen und willkürliche Verhaftungen wurde von Anfang an versucht, Widerstand im Keim zu ersticken. Doch einige ließen sich davon nicht abhalten und formierten sich in Protestbewegungen. Eine von ihnen – vielen unbekannt – waren die Leipziger Meuten, protestierende Jugendliche, nicht viel älter als ihr, die versuchten, dem Regime etwas mit ihren begrenzten Mitteln entgegenzusetzen.

Ihre Geschichte in den Jahren 1936 und 1937 erzählt der Autor Johannes Herwig in seinem Erstlingswerk *Bis die Sterne zittern*. Erlebt die Geschichte des 16-jährigen Harro, der Teil dieser Jugendbewegung wird und für sein Engagement mehr als einmal die Konsequenzen tragen muss.

Ob ihr nun diesen Roman für eure Abschlussprüfung lest oder als „normale" Lektüre im Unterricht, er eröffnet einen persönlichen und emotionalen Einblick in die Zeit wenige Jahre vor dem Zweiten Weltkrieg, der dabei hilft, die Jugendlichen damals, ihre Situation und Beweggründe besser zu verstehen. Unterstützt werdet ihr dabei mit umfangreichen Hintergrundinformationen, Hörtexten sowie historischen und aktuellen Bildern.

Viele Grüße

Irina Goldschmitt

Florian Fuchs

Symbolerklärung

Leseauftrag

Schreibaufgabe

Gruppenarbeit

Recherche

Diskussion

Hörtext
Scanne den QR-Code.

Schreibordner
Lege dir einen Ordner an, in dem du deine Lösungen zu den Schreibaufgaben und anderen Aufgaben mit diesem Symbol ablegen kannst.

Downloadbereich
Im Downloadbereich findest du eine Biografie und ein Interview mit Johannes Herwig und weitere Materialien.

Zugang zum Downloadbereich
Scanne den QR-Code oder gib den Link im Browser ein (ohne www. oder https://):

kugverlag.de/s2189

Sollte der Kurzlink nicht funktionieren, kannst du diesen eingeben:
https://download.krapp-gutknecht.de/index.php/s/8a5ANTb9pakfzKX

Vor dem Lesen

➲ **Aufgabe**

a) Schau dir das Cover der Taschenbuchausgabe an. Überlege dir, worum es im Roman gehen könnte. Beziehe auch den Titel in deine Überlegungen ein.

Bis die Sterne zittern

b) Lies nun den Text auf der Rückseite des Buchs.
Verbinde deine Ideen aus Aufgabe a) mit dem Inhalt des Buchs.
Überlege dir auf den folgenden Zeilen, was die Metapher bzw. Personifikation im Titel mit der Geschichte zu tun haben könnte.

Einteilung in Leseabschnitte

Hinweis

Vor dem Lesen von *Bis die Sterne zittern* sei noch auf die drastischen Schilderungen im Prolog während eines Verhörs hingewiesen, die womöglich nichts für schwache Nerven sind.

Das Buch ist in insgesamt 32 Kapitel ohne Überschriften unterteilt, die alle einen ähnlichen Umfang besitzen.

Daher bietet es sich an, das Buch in Abschnitte einzuteilen.

Abschnitt 1	S. 249–253	Postskriptum
Abschnitt 2	S. 7–11	Prolog
Abschnitt 3	S. 13–36	Kapitel 1–4
Abschnitt 4	S. 37–82	Kapitel 5–11
Abschnitt 5	S. 83–107	Kapitel 12–14
Abschnitt 6	S. 108–141	Kapitel 15–18
Abschnitt 7	S. 142–166	Kapitel 19–22
Abschnitt 8	S. 167–182	Kapitel 23–24
Abschnitt 9	S. 183–219	Kapitel 25–28
Abschnitt 10	S. 220–247	Kapitel 29–32

Ein **Prolog** ist eine Einleitung, in der die Figuren vorgestellt und das Setting – Ort und Zeit der Handlung – beschrieben werden.

Ein bekannter Prolog findet sich in Disneys *Der König der Löwen* (1994/2019), in dem die Tiere sich zum Königsfelsen begeben, um ihren künftigen König Simba zu sehen. Untermalt wird dieser Prolog mit Elton Johns Song *Der ewige Kreis*.

Barbie (2023) besitzt ebenfalls einen Prolog: Der Film beginnt mit einer ca. vierminütigen Vorgeschichte, die von Helen Mirren erzählt wird. In dieser zertrümmern unglücklich wirkende Mädchen ihre alten Puppen, als ihnen Barbie vorgestellt wird. Der Prolog wird musikalisch von Richard Strauss' *Also sprach Zarathustra* begleitet. Er endet mit dem Erwachen Barbies in Barbieland.

Buchübergreifendes

Aufgabe 1

Über den Roman verteilt finden sich viele Begriffe und Anspielungen (Referenzen) aus der damaligen Zeit, die heute so nicht mehr gebräuchlich sind oder die du womöglich gar nicht kennst.

Fülle, während du das Buch liest, die nachfolgende Tabelle zu diesen Begriffen aus. Sie hilft dir, den Inhalt des Romans besser zu verstehen.

Im Downloadbereich findest du die vollständige Tabelle, in der die Seitenzahlen, auf denen du weitere Begriffe und Anspielungen findest, bereits vorgegeben sind. Drucke die Tabelle aus und hefte sie in deinem Schreibordner ab.

Abschnitt	Seite	Begriff	Bedeutung
	14	Himmelhuppe	offizieller Name „Himmel und Hölle“; Hüpfspiel mit Zahlen in Kästen auf dem Boden
	19	Brausebad	
	20	Knickerbocker	
	21	Porphyr	
	22	Kanut	
3	22	Bob	
	23	KPD	
	29	Kolonialwaren	
	30	Decca-Grammofon	
	30	Benny Goodman	

Aufgabe 2

Im Roman werden zwei verschiedene Formen des Widerstands aufgegriffen – der **aktive** und der **passive**.

a) Lies dir die Definition der beiden Begriffe gut durch.

b) Schreibe in die zwei Kästen stichpunktartig alle Formen des Widerstands von Harro und seiner Clique. Gib dabei in Klammern auch die Seite an.

Beim **aktiven Widerstand** werden offen sichtbare Handlungen wie Demonstrationen oder (Gewalt-) Taten genutzt, um gegen empfundenes Unrecht vorzugehen und Veränderungen herbeizuführen.

Passiver Widerstand zeichnet sich durch Verweigerung, Nicht-Teilnahme und/oder die konsequente Einhaltung von Gewaltlosigkeit aus. Darunter fällt auch das bewusste Verstoßen gegen als ungerecht empfundene Gesetze und Vorschriften.

c) Ergänze die Zusammenfassung.
Begründe dabei, warum vermutlich diese eine Art des Widerstands überwiegt.

Der ________ Widerstand überwiegt wohl deshalb, da ____________________

____

____

____.

Steckbriefe

Im Roman wird eine Vielzahl an Figuren erwähnt, aber manche sind wichtiger für die Handlung als andere. Für diese Figuren ist es sinnvoll, einen Steckbrief anzulegen, damit du die Informationen über sie immer griffbereit hast.

➲ **Aufgabe**

Fülle die Steckbriefe zu den wichtigsten Figuren aus. Ergänze sie während des Lesens immer wieder mit neuen Informationen.

Hinweis

Nicht alle Steckbriefe sind gleich. Wenn bei Figuren bestimmte Informationen wie zur Familie im Roman nicht genannt werden, wird der entsprechende Punkt auch nicht aufgeführt.

Harro

Vollständiger Name: ______________________________

Alter: ______

Lage der Wohnung: ______________________________

____

Familie: ______________________________

____

____

Tätigkeit: ______________________________

____

Typische Verhaltensweisen und Charakterzüge: ______________________________

____

____

____

____

____

Hintergrundinformationen: ______________________________

____

____

____

____

____

Heinrich

Vollständiger Name: ______________________________

Alter: ______

Lage der Wohnung: ______________________________

____

Familie: ______________________________

____

____

____

Tätigkeit: ______________________________

Aussehen: ______________________________

____

Verhaltensweisen und Charakterzüge: ______________________________

____

Käthe

Familie: ______________________________

Wohnort: ______________________________

Aussehen: ______________________________

____

____

____

____

Verhaltensweisen und Charakterzüge: ______________________________

____

Hintergrundinformationen: ______________________________

____

____

____

Josephine

Vollständiger Name: ______________________

Alter: ______

Lage der Wohnung: ______________________

____

Familie: ______________________

____

____

____

Tätigkeit: ______________________

Aussehen: ______________________

____

Verhaltensweisen und Charakterzüge: ______________________

____

Hintergrundinformationen: ______________________

____

Pitt

Aussehen: ______________________

____

____

Verhaltensweisen und Charakterzüge: ______________________

____

Hintergrundinformationen: ______________________

____

____

____

____

Hilma

Vollständiger Name: ______________________

Alter: ________

Lage der Wohnung: ______________________

____

Familie: ______________________

____

Aussehen: ______________________

____

____

Verhaltensweisen und Charakterzüge: ______________________

____

Hintergrundinformationen: ______________________

____

Edgar

Alter: ________

Lage der Wohnung: ______________________

____

Familie: ______________________

____

____

____

Tätigkeit: ______________________

Aussehen: ______________________

____

Verhaltensweisen und Charakterzüge: ______________________

____

Figuren- und Gruppenkonstellation

➲ Aufgabe

Die meisten Figuren, die im Roman erwähnt werden, gehören verschiedenen Gruppierungen an.

a) Schraffiere sie mit Buntstift **rot**, wenn sie einer Oppositionsgruppe gegen das NS-Regime angehören. Schraffiere sie **braun**, wenn sie Teil des Regimes sind.
Wenn eine Figur beiden Seiten angehören sollte, verwende beide Farben – die eine Hälfte des Namens rot, die andere braun.

b) Fasse die Figuren in vier Gruppen auf der nächsten Seite zusammen.

c) Gib den Gruppen jeweils eine Bezeichnung. Schreibe sie über die Figuren.

d) Verbinde nun die einzelnen Gruppen mit verschiedenfarbigen Linien: **grün** für ein gutes Verhältnis zueinander, **orange** für ein negatives. Nutze dein Lineal.

e) Verbinde in dieser Gruppenübersicht abschließend die Figuren, die eine romantische Beziehung zueinander (gehabt) haben, mit einer **roten** Linie.

Zeichne auf dieser Linie entweder ein  oder ein .

Heinrich | Harry | Ludwig | „Zwillinge“

Pitt | Harro | Hilma

Josephine

Kommissar | Beamte der Schutzpolizei

Hans | Wärter im Gefängnis | Max

Edgar | namenlose Mitglieder der HJ | Karl

Hugo | Richard | Willi

Gruppe I:

Gruppe II:

Gruppe III:

Gruppe IV:

Sicherung und Erschließung des Inhalts

Abschnitt 1 – Postskriptum (S. 249–253)

Es ist ungewöhnlich, mit dem Nachwort eines Buches zu beginnen. Es ist allerdings, was den geschichtlichen (historischen) Hintergrund betrifft, ziemlich voraussetzungsvoll. Daher bietet es sich an, zuerst das zu lesen, was der Autor selbst zu seinem Roman und dessen Hintergründen zu sagen hat.

➲ **Aufgabe 1**

Die Leipziger Staatsanwaltschaft als Teil des NS-Regimes stellt die Leipziger Meuten anders dar als der Autor Johannes Herwig.

a) Schreibe stichpunktartig das, was diese Jugendgruppen laut der Staatsanwaltschaft und Johannes Herwig auszeichnete, in die linke bzw. rechte Spalte.

b) Fasse in der letzten Zeile der Tabelle in jeweils einem Ausdruck zusammen, wie Staatsanwalt und Autor die Leipziger Meuten sehen.

Leipziger Meuten

Leipziger Staatsanwaltschaft (1940)	Johannes Herwig (2017)

Aufgabe 2

Kreuze an, was den Autor Johannes Herwig wohl dazu veranlasste, diesen Roman zu schreiben. Nutze dazu ausschließlich die Informationen aus dem Abschnitt Postskriptum.

- ☐ Er stammt selbst aus Leipzig.
- ☐ Sein Großvater war damals Teil der Leipziger Meuten. Er wollte mit dem Roman die Erinnerung an ihn bewahren.
- ☐ Johannes Herwig fand in den Leipziger Meuten eine aus dem späteren Ostdeutschland stammende Oppositionsbewegung.
- ☐ Er fragte sich, wie sich die Jugend im Nationalsozialismus verhielt.
- ☐ Johannes Herwig wurde vom Historiker Sascha Bernhard, der zu den Leipziger Meuten forschte, zu diesem Roman inspiriert.
- ☐ Seiner Ansicht nach wurden die Leipziger Meuten in der Geschichtsschreibung stets falsch dargestellt, sodass er ihr Bild korrigieren wollte.
- ☐ Bei seinen eigenen Recherchen lernte er Nachfahren der damaligen Jugendlichen aus den Meuten kennen. Ihre Erinnerungen waren der Hauptgrund für Johannes Herwig, diesen Roman zu verfassen.
- ☐ Es ging ihm darum, die Geschichte der Leipziger Meuten erlebbar zu machen und die Erinnerung an sie zu bewahren.

Aufgabe 3

Notiere stichpunktartig, wie der Alltag der Leipziger Meuten und ihre Opposition gegen das NS-Regime ausgesehen haben könnten. Verwende dazu auch dein Hintergrundwissen über diese Zeit aus anderen Fächern.

Abschnitt 2 – Prolog (S. 7–11)

Hinweis

Versetze dich immer in den jeweiligen Abschnitt, auch wenn du schon weitergelesen haben solltest. Die Ereignisse und Informationen aus den folgenden Kapiteln bzw. Abschnitten darfst du nicht verwenden.

Aufgabe 1

Im Prolog wird Harro in einem Gefängnis verhört.

a) Überlege dir mindestens zwei Gründe, warum Harro sich im Gefängnis befinden könnte.

b) Stelle zwei Vermutungen für den Grund des Verhörs an.

1. ______________________________

____

2. ______________________________

____

____

Aufgabe 2

Die Leser/-innen werden ohne weitere Informationen direkt mit dem Verhör konfrontiert. Auch bleibt offen, ob es vor der eigentlichen Handlung stattfindet, während dieser oder an deren Ende. Überlege dir, wie es mit Harro weitergehen könnte und wie der Roman womöglich endet.

____

____

____

____

Aufgabe 3

a) Lies dir die Erklärungen zu den verschiedenen Erzählperspektiven gut durch.

Der personale Ich-Erzähler erzählt aus seiner Sicht die Geschehnisse, die gerade „jetzt“ geschehen. Dabei erfährt der Leser/die Leserin viel über die Gedankenwelt des Erzählers. Über andere Figuren erfährt man nur das, was auch der Ich-Erzähler über sie weiß oder denkt.

▶ Im Text finden sich häufig die Pronomen ***ich***, ***mein***, ***mir*** und ***mich***.

Der personale Er-/Sie-Erzähler erzählt die Handlung, Gedanken und Gefühle aus der Sicht einer Figur. Somit erfährt der Leser/die Leserin wie auch beim Ich-Erzähler viel über eine Figur, er/sie kann aber auch nicht in andere Figuren hineinschauen.

▶ Im Text finden sich häufig die Pronomen ***er*** bzw. ***sie***, ***sein*** bzw. ***ihr*** und ***sich***.

Der auktoriale Ich-Erzähler blickt in seine eigene Vergangenheit und erzählt mit dem Wissen von „heute“ über diese.

▶ Im Text finden sich häufig die Pronomen ***ich***, ***mein***, ***mir*** und ***mich***.

Der auktoriale Erzähler, auch allwissender Erzähler genannt, weiß alles über alle Figuren, auch ihre Gedanken und Gefühle. Er weiß nicht nur, was in der Hauptfigur vorgeht, sondern in allen Figuren.

▶ Im Text finden sich häufig die Pronomen ***er*** bzw. ***sie***, ***sein*** bzw. ***ihr*** und ***sich***.

Der neutrale Erzähler ist wie eine Kamera: Er betrachtet die Handlung und die Figuren von außen. Wie auch eine Kamera kann der neutrale Erzähler nicht in die Figuren schauen. Er kennt somit weder ihre Gedanken noch Gefühle.

▶ Im Text finden sich häufig die Pronomen ***er*** bzw. ***sie***, ***sein*** bzw. ***ihr*** und ***sich***.

b) Kreuze nun an, welche Erzählperspektive für den Roman *Bis die Sterne zittern* gewählt wurde.

- ☐ **Personaler Ich-Erzähler**
- ☐ **Personaler Er/Sie-Erzähler**
- ☐ **Auktorialer Ich-Erzähler**
- ☐ **Auktorialer Erzähler**
- ☐ **Neutraler Erzähler**

c) Begründe, warum der Autor womöglich genau diese Perspektive gewählt hat. Gehe auch darauf ein, welche Wirkung er bei den Leser/-innen erzielt.

Der Autor Johannes Herwig hat diese Erzählperspektive womöglich gewählt,

Aufgabe 4

Stellt in einer kleinen Gruppe Vermutungen an, warum der Kommissar und der Wärter nicht namentlich genannt werden.

____

____

____

Aufgabe 5

Fülle die nachfolgende „Akte" stichpunktartig aus. Du findest sie am Ende jedes Abschnitts. So hast du auf einen Blick alle wichtigen Informationen parat.
Wähle die Überschrift so, dass sie möglichst den Inhalt des ganzen Abschnitts kurz zusammenfasst. Sie dient dir als grobe inhaltliche Orientierung.

Im Buch kommen auch einige Figuren vor, die nicht handeln, sondern nur erwähnt werden. Schreibe sie in die Zeile *weitere Figuren* und klammere sie ein. Denn auch sie haben eine gewisse Bedeutung für die Handlung. In der Zeile weitere Figuren stehen also die Figuren, die eine geringere Bedeutung als die Hauptfiguren haben **und** die, die nur erwähnt werden.

ABSCHNITT 2 – PROLOG

Überschrift ____

wichtige Figuren ____

weitere Figuren ____

Orte ____

Monat und Jahreszahl ____

Abschnitt 3 (S. 13–36)

Aufgabe 1

a) Lies den dritten Abschnitt.

b) Fasse ihn zusammen. Schreibe im Präsens bzw. Perfekt, wenn du etwas aus der Vergangenheit zusammenfasst.

____

____

____

____

____

____

____

____

____

____

____

____

____

Das Connewitzer Kreuz im Mai 2024.

Die Sommerferien 1936 dauerten vom 9. Juli (Donnerstag) bis zum 17. August (Montag).

Links siehst du den Park gegenüber von Harros Zuhause. Das Gebäude des Brausebades gibt es auch heute noch – umgestaltet zu einem Café. Unter Harros Adresse selbst befinden sich heute ein veganes Bistro und ein Supermarkt.

Aufgabe 2

Kreuze die richtige Antwort an. Es ist jeweils nur eine Antwort richtig.

Wie begründet Harro für sich, dass er die Fahne der HJ nicht grüßt?

- ☐ Er hat sie bereits am Vormittag beim Vorbeilaufen gegrüßt.
- ☐ Man müsse die Fahne nicht grüßen.
- ☐ Nur Mitglieder der HJ müssen sie grüßen.

Was sind die beiden Treffpunkte der Clique um Heinrich?

- ☐ Das Kino und die Kirche
- ☐ Das Kino und das Café
- ☐ Die Kirche und der Schulhof

Aufgabe 3

„»Ein jeder hat die Fahne zu grüßen! Ganz gleich, wo er steht!«“ (S. 15, Z. 24–25).

Foto: StadtAL, 0563 (Fotosammlung), Nr. 21519

Mitte der 1930er-Jahre wurde in jedem Ort der zentrale Platz oder die wichtigste Straße nach Adolf Hitler benannt. Grundlage waren die „Grundsätze für die Straßenbenennungen“ vom Juli 1933. Heute heißt „Harros Straße“ Karl-Liebknecht-Straße. Auf dem Bild siehst du das Connewitzer Kreuz auf eben dieser Straße zur Zeit Harros.

Erläutere die Doppeldeutigkeit dieser Aussage, die Harro bemerkt.

Aufgabe 4

Auf den Seiten 26 und 27 nennt Harro einen Paul als Grund, warum er nicht der HJ beitreten möchte. Überlege dir, wer Paul sein könnte und was mit ihm womöglich geschehen ist.

Aufgabe 5

In diesem Abschnitt werden einige Organisationen bzw. ein Unternehmen erwähnt.
Recherchiere die nachfolgend genannten Eigennamen und Bezeichnungen.
Beschreibe sie stichpunktartig mit ihren damaligen Zielen oder Anliegen in deinen eigenen Worten.

- **Reichsbanner:** ______________________
- **Bündische (Jugend):** ______________________
- **Autonome Jungenschaft:** ______________________
- **HASAG:** ______________________

Die in diesem Abschnitt ebenfalls erwähnten Organisationen *Nationalsozialistischer Lehrerbund* und *Hitlerjugend* werden in den Informationstexten auf ▶ Seite 56 bzw. ▶ Seite 57 erläutert.

Aufgabe 6

a) Harro vollzieht in diesem Abschnitt einen Wandel hinsichtlich seines Kleidungsstils vom braven Jüngelchen (vgl. S. 20, Z. 24–25) hin zu einem Mitglied der Clique.
Beschreibe stichpunktartig Harros Kleidung vor und nach der „Verwandlung".

VOR dem Besuch im „Haus der Jugend"	**NACH** dem Besuch im „Haus der Jugend"

b) Im Downloadbereich findest du zwei Figurenvorlagen, mit deren Hilfe du Harros Stilwechsel malen oder zeichnen kannst.

ABSCHNITT 3

Überschrift	
wichtige Figuren	
weitere Figuren	
Orte	
Monat und Jahreszahl	

Abschnitt 4 (S. 37–82)

➲ Aufgabe 1

a) Lies den vierten Abschnitt.

b) Fülle den dazugehörigen Lückentext aus.

Während Harro bei ______________ zu Hause ist, lernt er zunächst ____________, ihre kleine Schwester kennen. Während ihres Gesprächs stößt Harro auf die ______________________, eine Zeitschrift der Bündischen.

Gemeinsam planen sie mit der Gruppe einen Wochenendausflug nach ______________, genauer gesagt zu den dortigen ________________. Da ___________ Vater dieser Plan missfällt, lügt Harro ihn in Bezug auf das Ziel an. Er überzeugt _________________ Vater ______________, ihn bei dieser Lüge zu decken.

Auf dem Weg zu den Teichen wird die Clique von zwei Mitgliedern der __________ fotografiert, woraufhin __________ bei einer Auseinandersetzung mit ihnen den __________ aus der Kamera reißt und somit unbrauchbar macht.

An den Teichen angekommen, bauen die Freunde ihre ____________ auf. In Gesprächen tauscht sich die Clique über Erinnerungen und ihre Familien aus: So erzählt Harro von seinem ehemaligen Mitschüler __________, ___________________ von ihren Eltern und Edgar vom Jugendtreffen der Kommunisten 1930. An den Teichen lernt Harro noch ________ von der _________________ Gruppe kennen, eine Clique so wie seine.

Auf dem Weg nach Hause erzählt ___________________ Harro viel von ihrer Familie. Zurück in Leipzig geht Harro nicht nach Hause, sondern zu ___________________ und wartet dort auf ___________________. Als dieser angekommen ist, erzählt er Harro noch einiges über seine und Josephines ___________________.

c) Lass die Atmosphäre der Lübschützer Teiche auf dich wirken. Schaue dir dazu das Video hinter dem QR-Code an.

Aufgabe 2

In diesem Abschnitt werden mehrere Druckerzeugnisse (Printmedien) erwähnt.

a) Recherchiere die wichtigsten Informationen über sie.

b) Schreibe sie stichpunktartig in die entsprechende Felder.

- ***Heldenfibel* (Buch):**

- ***eisbrecher* (Zeitschrift):**

- ***IRZ – Illustrierte Reichsbanner-Zeitung*:**

Der Reichtagsbrand

Als Harro die Printmedien durchblättert, wird kurz der Reichstagsbrand erwähnt und über seine Ursache spekuliert.

In der Nacht vom 27. auf den 28. Februar 1933 brannte das Reichstagsgebäude in Berlin, der Sitz des deutschen Parlaments. Unmittelbar nach dem Brand wurde der niederländische Kommunist Marinus van der Lubbe als Einzeltäter verhaftet und ein knappes Jahr später hingerichtet. Bis heute ist umstritten, ob er alleine gehandelt hat (Einzeltäterthese) oder der Brand von den Nationalsozialisten inszeniert wurde. Hermann Göring und Adolf Hitler behaupteten, der Brand sei Teil eines kommunistischen Aufstands. Unabhängig von der Täterschaft nutzten (instrumentalisierten) die Nationalsozialisten den Brand, um bereits in derselben Nacht gegen politische Gegner mit Hilfe der SA (Informationstext ▶ Seite 58) vorzugehen.

Brennender Reichstag

Am Tag nach dem Brand erließ Reichspräsident Paul von Hindenburg die „Reichstagsbrandverordnung“, die wesentliche Bürgerrechte außer Kraft setzte und die Grundlage für die Verhaftung tausender politischer Gegner – vor allem Kommunisten – bildete. Somit wurde der Rechtsstaat weitestgehend beseitigt.

Zusätzliche Informationen erhältst du in dem Video:

➲ Aufgabe 3

Harro erzählt an den Teichen von Paul, der bereits im vorherigen Abschnitt erwähnt wurde (**Aufgabe 4** ▶ **Seite 20**).

a) Gib dessen Schicksal in eigenen Worten wieder.

____

____

____

____

____

____

b) Kreuze an, ob du mit deiner Vermutung auf ▶ **Seite 20** richtig gelegen hast oder nicht.

- ☐ Ich lag mit meiner Vermutung richtig.
- ☐ Ich lag mit meiner Vermutung falsch.

➲ Aufgabe 4

An den Teichen wird Harro in der Clique immer mehr angenommen und ein Teil von ihr.

Zitiere drei Stellen, an denen dies deutlich wird. Achte auf eine korrekte Zitierweise mit Anführungszeichen und Zeilenangabe in Klammern.

- **Zitat 1:** ____

____

____

- **Zitat 2:** ____

____

____

- **Zitat 3:** ____

____

____

An den Lübschützer Teichen befindet sich heute ein großer Campingplatz mit angeschlossener Gaststätte sowie ein Waldgartenverein. Nichts mehr erinnert an die Vergangenheit dieses Ortes aus den 1920er- und 30er-Jahren.

„Plötzlich waren wir in einer anderen Welt.“
(S. 52, Z. 21)

„Die Idylle des Ortes war so übertrieben […].“
(S. 54, Z. 14)

„Das also war der Ort, an den die Menschen früher geflohen waren, der Stadt überdrüssig […].“
(S. 52, Z. 25–27)

➲ Aufgabe 5

Vergleiche Harros Welt in Leipzig mit der, die er an den Lübschützer Teichen kennenlernt.

a) Schreibe rechts neben das historische Bild Leipzigs stichpunktartig all das, was Harro in der Stadt bedrückt und was er bisher dort Negatives erlebt hat.

b) Notiere links neben dem Bild der Teiche ebenfalls stichpunktartig das, was er dort in der Gemeinschaft Positives erlebt.
Beschreibe auch den Ort der Teiche an sich.

Foto: StadtAL, 0563 (Fotosammlung), Nr. 988

Aufgabe 6

„Und in mir rauschte das Gefühl, Teil einer großen Sache zu sein." (S. 67, Z. 20–21).

Erläutere anhand von zwei Beispielen, woher dieses Gefühl in Harro kommt.

1. ______________________________

____

____

____

2. ______________________________

____

____

____

Die *Roten Falken*, denen Edgar und Max angehört haben, waren eine politisch links orientierte Kinder- und Jugendorganisation.
Wie andere ähnliche Organisationen wurde sie 1933 nach der „Machtergreifung" verboten.

ABSCHNITT 4

Überschrift	
wichtige Figuren	
weitere Figuren	
Orte	
Monat und Jahreszahl	

Abschnitt 5 (S. 83–107)

Aufgabe 1

a) Lies den fünften Abschnitt.

b) Kreuze bei den nachfolgenden Fragen die korrekte Antwort an.
Es ist jeweils nur eine Antwort richtig.

Wie heißen Harros zwei Mitschüler, die Mitglied der HJ sind?

- ☐ Adolf und Hermann
- ☐ Karl und Hans
- ☐ Frank und Karl
- ☐ Hans und Hermann

Welche Jahrgangsstufe besucht Harro im Schuljahr 1936/1937?

- ☐ Jahrgangsstufe 8
- ☐ Jahrgangsstufe 9
- ☐ Jahrgangsstufe 10
- ☐ Jahrgangsstufe 11

Was ist die Ursache für die Auseinandersetzung auf der Messe?

- ☐ Totenkopfring
- ☐ Kleidung der Clique
- ☐ Pitts aggressives Auftreten
- ☐ Harros Beleidigungen

Wie wird Harro in diesem Abschnitt NICHT beleidigt?

- ☐ „Judenfreund“
- ☐ „Bündische Sau“
- ☐ „Volksfeind“
- ☐ „Kommunistenschwein“

Warum hat Pitt einige Zähne weniger?

- ☐ Unfall im Kindesalter
- ☐ Karies
- ☐ Misshandlung durch die SA
- ☐ Prügelei mit Mitgliedern der HJ

Wer hat Harros Denken in Bezug auf das NS-Regime als Erstes verändert?

- ☐ Paul
- ☐ Heinrich
- ☐ Pitt
- ☐ Edgars Eltern

➲ Aufgabe 2

„Meine Schule war rot, allerdings nur das Gebäude.“
(S. 83, Z. 1–2)

a) Erläutere, woher die Farbe Rot in der Politik kommt und wie sie dort zur Zeit des Romans verwendet wurde.

____

____

____

____

____

Die Farbe Rot

Auch Adolf Hitler war von der Farbe Rot und ihrer Wirkung auf Menschen fasziniert:

„Ein Meer von roten Fahnen, roter Binden und roter Blumen gab dieser Kundgebung, an der schätzungsweise hundertzwanzigtausend Personen teilnahmen, ein schon rein äußerlich gewaltiges Aussehen. Ich konnte selbst fühlen und verstehen, wie leicht der Mann aus dem Volke dem suggestiven Zauber eines solchen grandios wirkenden Schauspiels unterliegt.“[1]

b) Erkläre, was Harro mit seiner Aussage meint. Das Foto unten hilft dir dabei.

____

____

____

Harros Lehrer, Herr Frank, kam im Zuge des „Berufsbeamtengesetzes“ an seine Schule, auf das im Infotext *Das öffentliche Schulsystem in der NS-Zeit* eingegangen wird (▶ Seite 56).

Der Name von Harros Schule wird im Roman nicht genannt. Sie ist heute das Immanuel-Kant-Gymnasium in der Scharnhorststraße 15 in Leipzig.

1 Hitler, Adolf: *Mein Kampf.* Zwei Bände in einem Band. Ungekürzte Ausgabe. 851.–855. Auflage. Zentralverlag der NSDAP München 1943, S. 552.

Aufgabe 3

Harros Mitschüler Karl Brand ist ein altgedientes Mitglied der HJ und auch auf der Messe begegnen Harro mehrere Mitglieder dieser Organisation.

a) Lies den Infotext *Die Hitlerjugend und der Bund deutscher Mädel* auf ▶ Seite 57.

b) Beschrifte die Uniform der HJ mithilfe der Beschreibung auf Seite 83 des Romans.

1. ______________________________
2. ______________________________
3. ______________________________

Foto: wikimedia (CC BY-SA 2.5)

c) Josephine ist im Bund deutscher Mädel (BDM) und somit ebenfalls Mitglied der HJ. Auch dort mussten die Mädchen und jungen Frauen eine Uniform tragen. Beschrifte ihre drei Teile. Da das historische Foto schwarz-weiß ist, recherchiere selbst nach den Farben der Uniform.

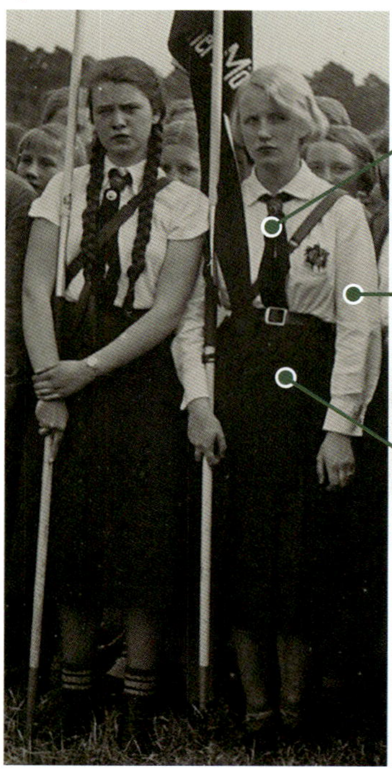

1. ______________________________
2. ______________________________
3. ______________________________

Der BDM rüstet zum Burgtreffen (Bildausschnitt).
Foto: Archiv der deutschen Jugendbewegung Burg Ludwigstein, 37214 Witzenhausen, Signatur: AdJb F1_560_152

➲ Aufgabe 4

Eine kleine Rechenaufgabe: Auf der Messe bezahlt die Clique an der Schießbude 20 Reichspfennig (0,20 Reichsmark) für acht Schüsse.
5,10 Reichsmark im Jahr 1936 entsprechen laut der Deutschen Bundesbank etwa 1,00 €.
Wie viel Geld würden die acht Schüsse heute kosten? Rechne der Einfachheit halber nicht mit 5,10, sondern 5,00 Reichsmark. Nutze den Dreisatz für deine Berechnung.

Schritt 1: __________

Schritt 2: __________

Schritt 3: __________

> Die heutigen Preise schwanken je nach Volksfest, aber acht Schuss für 5 € sind realistisch.

➲ Aufgabe 5

Auf der Messe gewinnt die Clique an einer Schießbude Totenkopfringe.

a) Zeichne einen dieser Ringe, der auf Seite 91 des Romans detailliert beschrieben wird, so genau wie möglich in den Kasten.

Alternativ kannst du auch einen Ring mit KI generieren. Der dafür notwendige Prompt ergibt sich aus der detaillierten Beschreibung der Ringe im Roman.
Drucke das Bild anschließend aus und klebe es in das freie Feld (ca. 6,5 cm x 6,5 cm).

b) Erläutere die Bedeutung des Rings zum einen für die Clique (S. 91–92) und zum anderen für den Zwischenfall mit der HJ (S. 98–99).
Belege deine Aussagen mit Seiten- und Zeilenverweisen aus dem Buch.

Das *Totenkopfabzeichen* – nicht zu verwechseln mit dem Ring auf der Messe – war nicht nur unter den Leipziger Meuten ein bekanntes Zeichen, sondern unter oppositionellen Jugendlichen in ganz Deutschland.

Foto: Schulmuseum – Werkstatt für Schulgeschichte Leipzig, Ausstellung „Widerstand – Die Leipziger Meuten“

Foto: StadtAL, 0563 (Fotosammlung), Nr. 2348

Das Messegelände wird heute noch wie damals für Märkte und Messen genutzt.
Es liegt neben dem Stadion des Fußballvereins RB Leipzig.

Der Palmengarten, wohin die Clique flieht, liegt nur wenige hundert Meter vom Messegelände entfernt. Dort befindet sich neben der Weißen Elster eine große Parkanlage.

➲ Aufgabe 6

Bringe die Handlungsschritte der Auseinandersetzung mit den Mitgliedern der HJ auf der Messe in die richtige Reihenfolge.
Schreibe dazu die Ziffern 1 bis 8 in die entsprechenden Kästen.

☐ Vier Mitglieder der HJ sprechen Harro an und befragen ihn.

☐ Die Jungen der HJ schlagen auf Edgar ein.

☐ Eines der HJ-Mitglieder gibt Harro eine Kopfnuss.

☐ Die Mitglieder der HJ lassen von Harro und Edgar ab.

☐ Harro wird beleidigt.

☐ Drei Mitglieder der HJ kommen hinzu und befragen Harro weiter.

☐ Die Leipziger und Lindenauer Gruppe verlassen die Messe und treffen sich vor dem Palmengarten an der Weißen Elster.

☐ Erst Pitt, dann der Rest der Clique und die Lindenauer Gruppe kommen zur Hilfe.

ABSCHNITT 5

Überschrift	
wichtige Figuren	
weitere Figuren	
Orte	
Monat und Jahreszahl	

Abschnitt 6 (S. 108–141)

Aufgabe 1

a) Lies den sechsten Abschnitt.

b) Fülle den nachfolgenden Lückentext aus. Der Wortspeicher hilft dir dabei.

Der Abschnitt beginnt einen Tag nach der ______________, als Harro mit großen Schmerzen und einem ______________________ Gesicht aufwacht. Er wird von seiner Mutter zum Arzt Dr. ____________________ gebracht, der ihn medizinisch versorgt. In der Schule wird er von __________ auf seine Verletzungen angesprochen, wobei Harro nicht groß darauf eingeht.

Zu Hause erhält Harro Besuch von _________________, der ihm eröffnet, dass er und _______ ein Paar sind. Im Laufe des Gesprächs kommt heraus, dass __________ kaum Erfahrung mit _________________ hat.

_________________ lädt Harro dazu ein, ihren baldigen _________________ gemeinsam zu verbringen, worauf er sich schon sehr freut.

Nachdem die Clique von __________ aufgefordert worden ist, nicht mehr vor dem _________ herumzulungern, bringt ________ Harro die Grundlagen des Kämpfens bei.

Bei einem Ausflug nach ____________________ lernt Harro __________ kennen, mit der er sich auf Anhieb versteht. Sie stellt ihm ihre Clique vor, die politisch ebenso wie die Connewitzer __________ eingestellt ist.

Harros Freunde beschließen, die Nacht zum 09.11.1936 zu nutzen, um ihrem ________________ gegen das Regime in Form einer _________________, die von Harro und ________________ geschrieben wird, Ausdruck zu verleihen. In insgesamt drei ________________________ hängt die Gruppe die Glosse auf und wird dabei fast von der ________________________ ertappt, woraufhin alle fliehen. Harro versteckt sich in einem ____________, genauer in _________________, wo ihn die Beamten nicht finden und daher wieder abziehen.

Wortspeicher

Lindenau – Glosse – Karl – Käthe – Hausmann – Erich – Büschen – Park – Kino – Schaukästen – Edgar – links – Mädchen – Josephine – Hilma – Heinrich – geschwollenen – Harro – Messe – Schutzpolizei – Pitt – Geburtstag – Protest

Die Schutzpolizei (Schupo)
Die Schupo ist am ehesten mit unserer heutigen Polizei vergleichbar, da sie Verkehrskontrollen durchführte, auf Streife ging und allgemein für die öffentliche Sicherheit zuständig war. Allerdings war sie auch wie die SS und Gestapo in das Überwachungssystem des NS-Regimes eingebunden.

Das historische Foto oben links hängt in einem Schaukasten vor dem alten Kinosaal.

Das Kino in Connewitz, in dessen Eingangsbereich (unten rechts) Harros Clique sich des Öfteren aufhält. Heute ist das Kino nicht mehr in Betrieb, sondern wurde in einen Veranstaltungsraum mit Bühnentechnik umfunktioniert, unterhalten vom UT Connewitz.

Über die „Reeperbahn" – früher eine Einkaufs- und Amüsierstraße – in Lindenau (links), vorbei am Hinterhofkino (mittig), gelangt Harro in die Calviniusstraße (rechts), wo er Käthe zum ersten Mal begegnet. Das Kino in Lindenau war ein beliebter Treffpunkt der dortigen „Meute Reeperbahn", im Buch die Lindenauer Clique um Max und Käthe.

Aufgabe 2

a) Lies den Informationstext *Was ist eine Glosse?*.

Was ist eine Glosse?

Eine Glosse ist eine journalistische Textsorte, die meist kurz und auf den Punkt gebracht (prägnant/pointiert) ein aktuelles – meist politisches oder soziales – Thema behandelt.

Charakteristisch ist ihr satirischer, humorvoller oder ironischer Stil. Ihr Ziel ist es, die Leserschaft durch sprachliche Zuspitzung und Übertreibung zum einen zu unterhalten oder gar zum Lachen zu bringen und gleichzeitig zum anderen zum Nachdenken anzuregen.

Dabei werden häufig Stilmittel (rhetorische Mittel) wie Wortspiele, Metaphern und Sarkasmus genutzt.

Durch ihren unterhaltsamen und oftmals „bissigen" Charakter hebt sich die Glosse stark von anderen (sachlichen) Meinungsbeiträgen ab.

b) Lies die Glosse ***Der Tempel der Blutzeugen*** auf Seite 134 des Romans.

c) Fasse sie knapp in eigenen Worten zusammen. Schreibe im Präsens.

d) Lies die Infotexte ***Der 9. November im Dritten Reich*** und ***Der Tempel der Blutzeugen*** auf ▶ Seite 36, um die Glosse besser zu verstehen.

e) Analysiere und interpretiere die Glosse in deinem Heft.
Nutze dazu die Informationen aus den gelesenen Texten. Schreibe im Präsens.

Der 9. November im Dritten Reich

Am 9. November 1923 unternahm Adolf Hitler zusammen mit weiteren Gefolgsleuten der NSDAP einen Putschversuch in München, der als *Marsch auf die Feldherrnhalle* bekannt wurde. Das Unterfangen scheiterte und Hitler wurde inhaftiert. Während seiner Festungshaft 1924 in Landsberg am Lech (Bayern) diktierte er Mithäftlingen den ersten Teil seines Buches *Mein Kampf* (▶ **Seite 28**). Der 9. November wurde später im Dritten Reich propagandistisch als Gedenktag für die Bewegung gefeiert.

Die Nacht vom 8. auf den 9. November 1936 nutzt die Clique für ihre Protestaktion.

In derselben Nacht des Jahres 1938, also nach den Geschehnissen des Romans, fanden im gesamten Deutschen Reich vom Staat angeordnete organisierte Angriffe auf jüdische Bürger, Geschäfte, Synagogen und Wohnungen statt.

Diese Ausschreitungen (Pogrome) markierten den Übergang von der Diskriminierung der Juden, die in *Bis die Sterne zittern* in Bezug auf Harros ehemaligen Mitschüler Paul und ein Geschäft in Lindenau erwähnt wird, hin zu systematischer Gewalt und Verfolgung: Über 1400 Synagogen sowie Betstuben wurden zerstört und etwa 30.000 jüdische Männer wurden in die Konzentrationslager Buchenwald, Dachau und Sachsenhausen verschleppt (deportiert), sodass diese Nacht auch als Beginn des Holocaust gesehen werden kann.

Darüber hinaus wurden viele Wohnungen und Geschäfte von Menschen mit jüdischer Herkunft vom aufgebrachten Mob geplündert.

Der *Tempel der Blutzeugen* in München

Der *Tempel der Blutzeugen* oder auch *Ehrentempel* war ein monumentales Bauwerk auf dem Königsplatz in München, das von den Nationalsozialisten 1935/1936 errichtet wurde, um die 16 NSDAP-Mitglieder zu ehren, die beim gescheiterten Hitlerputsch 1923 ums Leben gekommen waren.

Der Tempel bestand aus zwei offenen Hallen mit Säulen. Sie enthielten im Sinne des NS-Totenkults Sarkophage dieser 16 sogenannten „Blutzeugen".

Die amerikanische Militärregierung befahl im Rahmen der Entnazifizierung den Abriss des nationalsozialistischen Denkmals und so wurden die Ehrentempel am 16. Januar 1947 von der US-Armee gesprengt. Seitdem erinnern nur noch Fundamente an die einstige Anlage, die als Mahnmal gegen das NS-Regime dient.

Heute befinden sich am Königsplatz unter anderem drei Museen sowie das Generalkonsulat des Staates Israel, wo Anfang September 2024 ein Anschlag verhindert wurde.

SCHREIBAUFGABE 1 – Innerer Monolog: Die Flucht

a) Lies dir die formalen Vorgaben für einen (inneren) Monolog auf ▶ Seite 65 gut durch.

b) Verfasse zu der nachfolgenden Aufgabenstellung einen kreativen Text in deinem Heft.

„Zwei kolossale Schattenrisse stiegen aus dem Auto und stapften behäbig, doch unaufhaltsam über die Wiese in den Park hinein. […] Mein behütetes Leben zog an mir vorbei wie der Schirm einer Pusteblume.“ (S. 140, Z. 21–26)

Als Harro sich voller Angst in einem Gebüsch versteckt, gehen ihm in dieser kurzen Zeit tausend Sachen durch den Kopf. Er denkt darüber nach, was er heute getan hat und wie die heutige Nacht wohl enden wird.

➲ **Schreibe diesen inneren Monolog (ungefähr 250 Wörter).**

Hinweis: In der Abschlussprüfung des Freistaates Sachsen sind die Aufgaben etwas anders formuliert. Du findest die Schreibaufgabe im Stil dieser Prüfung auf ▶ Seite 63 des Heftes.

ABSCHNITT 6

Überschrift	
wichtige Figuren	
weitere Figuren	
Orte	
Monat und Jahreszahl	

Abschnitt 7 (S. 142–166)

➲ Aufgabe 1

a) Lies den siebten Abschnitt.

b) In diesem Suchsel sind zehn wichtige (zentrale) Begriffe aus diesem Abschnitt zu finden. Sie sind sowohl von links nach rechts, von oben nach unten als auch diagonal angeordnet.
Markiere sie mit möglichst unterschiedlichen Farben.

J	R	G	U	N	K	T	B	G	K	R	W	S	Y	Y	N	X	U
S	G	W	R	O	H	O	G	G	N	T	F	C	P	C	U	A	L
D	D	I	S	Z	T	O	S	G	F	E	G	I	T	A	I	M	L
M	P	N	Y	P	F	T	M	G	I	O	I	W	B	I	Y	K	J
Y	X	T	T	L	O	O	Q	R	B	J	V	T	W	H	F	F	Q
N	F	E	D	D	O	R	B	E	B	G	R	O	H	M	F	U	E
L	M	R	X	U	W	L	T	Z	T	H	J	F	R	Z	H	U	U
D	B	L	E	Z	U	H	L	N	A	E	G	J	I	Y	E	E	T
E	M	A	W	S	T	L	G	F	A	C	J	H	J	G	T	Z	V
N	B	G	Q	L	P	V	U	E	U	C	U	S	N	D	K	E	H
F	X	E	F	J	K	N	H	X	B	U	H	U	U	O	A	E	G
Z	E	R	P	C	A	U	J	K	O	U	J	M	Y	D	M	A	M
H	Q	E	L	K	R	J	S	Q	D	R	R	W	I	D	P	G	U
M	X	J	A	J	Y	Z	X	S	E	T	P	T	M	T	F	X	J
O	X	M	Q	W	N	K	F	L	S	Q	N	R	S	Z	T	Q	B
P	F	Y	R	S	J	B	T	X	O	V	B	K	T	T	U	A	X
W	O	D	E	E	X	I	R	P	S	Y	O	E	R	E	A	P	G
B	D	X	K	B	H	V	Z	R	Q	Z	B	V	C	M	M	G	F
T	V	X	X	N	L	V	G	J	M	P	G	V	B	K	Q	B	S
N	W	I	H	Y	V	I	B	E	U	R	L	A	U	B	U	N	G
L	W	E	I	H	N	A	C	H	T	E	N	L	Z	W	L	O	V
H	I	T	Y	O	S	L	P	D	O	M	F	J	R	A	K	F	T

c) Formuliere eine Inhaltsangabe zu Abschnitt 7 in deinem Heft im Präsens.
Verwende dabei die zehn gefundenen Wörter des Suchsels.

➲ Aufgabe 2

a) Lies Kapitel 19.

b) Bringe die Fahrt von Harro und Josephine in die richtige Reihenfolge. Schreibe dazu die Ziffern 1–5 in die entsprechenden Kreise.

1. Hier lassen sie das Boot ins Wasser.
2. Hier lachen sich Richard und Willi schlapp.
3. Hier müssen Harro und Josephine abbiegen.
4. Hier fahren sie weiter entlang.
5. Hier legen sie an und küssen sich.

Aufgabe 3

Im *Zankapfel* erzählt Heinrich folgenden Witz:

> **„»Gott erhalte Hitler. [...] Den Röhm und den Loeper hat er ja schon erhalten!«“**
> (S. 159, Z. 15, Z. 20)

a) Welche Bedeutung hat die Aussage „Gott erhalte Hitler“ wörtlich? Wie verändert sie sich im Zusammenhang (Kontext) der beschriebenen Situation?

b) Erkläre den historischen Kontext der Aussage und finde heraus, wer Ernst Röhm und Friedrich Loeper waren. Was geschah mit ihnen und welche Rolle spielte Adolf Hitler dabei? (siehe Infotext ▶ Seite 58)

ABSCHNITT 7

Überschrift

wichtige Figuren

weitere Figuren

Orte

Monat und Jahreszahl

Abschnitt 8 (S. 167–182)

➲ Aufgabe 1

a) Lies den achten Abschnitt.

b) Bringe die Sätze in die richtige Reihenfolge, indem du sie von 1 bis 10 nummerierst.

☐ Vor dem Capitol herrscht dichtes Gedränge. Mehr als dreißig Jugendliche sind versammelt.

☐ Harro flieht mit Käthe. Sie verstecken sich in einem Haus, in dem es zu ihrem ersten Kuss kommt.

☐ Max erzählt, dass er seit über einer Woche keinen Kontakt mehr zur Seeburger-Clique hat.

☐ Harro passt auf Edgars kleine Schwester Leni auf. Gemeinsam rodeln sie an der Paul-Gerhardt-Kirche.

☐ Gemeinsam veranstalten die Gruppen eine Schneeballschlacht.

☐ Käthe kommt dazu und lädt die Clique zu einem Treffen vor dem Capitol ein.

☐ Die Clique lernt Harry und die „Zwillinge" kennen. Sie bilden die Seeburger-Clique.

☐ Die HJ wirft Harro raus. Seine Eltern wissen noch nichts davon, weil er die Briefe abfängt und sich bei Edgar versteckt.

☐ Harro fährt nach Lindenau, um herauszufinden, ob jemand verhaftet worden ist.

☐ Mannschaftstransporter nähern sich. Alle versuchen, unterzutauchen und sich vor den Polizisten zu verstecken.

Die Hügel hinter der Paul-Gerhardt-Kirche. Hier rodelt Harro mit Edgars kleiner Schwester Leni.

➲ Aufgabe 2

Zeit für eine kleine Wiederholung: Welche Figur sagt die folgenden Sätze?

Schreibe zu jedem Zitat den Namen des Sprechers/der Sprecherin sowie die Seite und Zeile, wo die jeweiligen Sätze zu finden sind.

Zitat	Sprecher/-in, Seite und Zeile
„»Junge, deine Eltern anlügen? Weißte, was du da verlangst?«“	Friedrich (S. 47, Z. 16)
„»Mein Bruder war bei der Autonomen Jungenschaft.«“	
„»Ein jeder hat die Fahne zu grüßen! Ganz gleich, wo er steht!«“	
„»Bin ich ein Idiot?«“	
„»Hab auf Arbeit nichts zu melden.«“	
„»Paul ist nicht mehr da. Du darfst darüber nicht deine Zukunft vergessen.«“	
„»Meine Eltern, die vergöttern den Nationalsozialismus.«“	
„»Gestorben an Schwindsucht. Keine zwei war ich.«“	
„»Falsche Freunde, falsche Kleidung, falsche Denkweise.«“	
„»Das ist doch genau das, was wir noch brauchen! Ein gemeinsames Abzeichen!«“	
„»Besucht uns auf der Reeperbahn! Schlageter Straße, im Durchgang zum Kino.«“	

„»Ich dachte, das wäre eine ganz bestimmte Tracht.«“	
„»Und ich geh ab sofort nicht mehr zum Mädeldienst.«“	
„»Bring dein Gewicht in die Ballen! Stell dir vor, du schlägst Wurzeln!«“	
„»Jäger, wo warst du am Samstag?«“	
„»Du verhältst dich merkwürdig. Trägst nur noch diese seltsame Kleidung. Und sogar einen Ring.«“	
„»Teilnahme ist Pflicht! Wer fehlt, hat den Kurs nachzuholen.«“	

ABSCHNITT 8

Überschrift	
wichtige Figuren	
weitere Figuren	
Orte	
Monat und Jahreszahl	

Abschnitt 9 (S. 183–219)

Aufgabe 1

a) Lies die Seiten 196–201.

b) Es wird offengelassen, ob der verprügelte Junge tatsächlich tot oder „nur" bewusstlos ist.
Was spricht deiner Meinung nach dafür, dass er tatsächlich seinen Verletzungen erlegen ist?

____

____

____

____

c) Was hältst du davon, dass der mögliche Totschlag innerhalb der Clique nicht mehr thematisiert wird? Tausche dich mit deinen Klassenkamerad/-innen aus.

Was ist Totschlag?

Totschlag bedeutet, jemand tötet einen anderen Menschen. Dies geschieht aber ohne Planung oder Vorbereitung, beispielsweise wenn sich eine Person bedroht fühlt oder Angst hat. Der Unterschied zu Mord besteht darin, dass der Täter hier die Tötung eines anderen Menschen geplant hat und dies absichtlich mit Vorsatz tut.
Totschlag ist ein Verbrechen und daher im Strafgesetzbuch geregelt. Die Strafe ist ein Freiheitsentzug von mindestens fünf Jahren bis hin zu lebenslänglich bei besonders schweren Vergehen.

Aufgabe 2

Harro ist zu Beginn der Geschichte in Josephine verliebt. Aus der einstigen Liebe hat sich nun eine Freundschaft entwickelt.

a) Lies die Seiten 184 und 185.

b) Beantworte die folgenden drei Fragen.
Belege deine Antworten mit Angabe der Seite und der entsprechenden Zeile(n).

Wer beginnt das Gespräch?

- ☐ Harro (______________)
- ☐ Josephine (______________)

Welche Veränderung teilt Harro Josephine mit?

____

Mit welchen Äußerungen überrascht sie Harro?

____

____

____

c) Am Ende des Gesprächs wird deutlich: Aus Liebe kann Freundschaft werden.
Erläutere, was diese Veränderung über den Zusammenhalt der beiden und über den innerhalb der Clique allgemein aussagt.

d) Betrachte die beiden Bilder und beschrifte sie.

SCHREIBAUFGABE 2 – Innerer Monolog: **Die Schlägerei**

a) Lies die formalen Vorgaben für einen inneren Monolog auf ▶ Seite 65.

b) Verfasse zu der nachfolgenden Aufgabenstellung einen kreativen Text in deinem Heft.

„Und noch etwas beschäftigte mich. Ich dachte an den reglosen Körper auf dem Fußweg neben der Andreaskirche. Was, wenn wir ihn umgebracht hatten?“ (S. 200, Z. 26–28)

Harro kann nach der Schlägerei mit den zwei Hitlerjungen nicht schlafen. Er denkt über den Kampf und darüber nach, was er heute getan hat und welche Konsequenzen seine Taten haben könnten.

➲ **Schreibe diesen inneren Monolog (ungefähr 250 Wörter).**

➲ Aufgabe 3

Harro und Käthe werden in Abschnitt 9 ein festes Paar. Deswegen macht er sich allmählich Gedanken über sein bzw. ihr erstes Mal.
Edgar gibt ihm dabei einen Tipp mit dem Gasthof *Zur Linde* in Durchwehna.

a) Lies die Seiten 204 bis 211.

b) Erkläre, warum beide bereit sind, 40 km zum Gasthof zu fahren, anstatt eine Unterkunft in Leipzig aufzusuchen.
Recherchiere dazu auch die rechtliche Lage zu sexuellen Kontakten in der NS-Zeit.

Die Kirche in Durchwehna, etwa 40 km von Leipzig entfernt. Hinter ihr, in einem heute nicht mehr existierenden Gasthof, kommen sich Käthe und Harro am Wochenende des 23.04.1937 näher.

c) Erläutere, warum sie bei der Ankunft im Gasthof einen falschen Namen verwenden und sich als volljährig ausgeben.

Aufgabe 4

a) Bildet Gruppen von drei bis vier Personen.

b) Lest die folgenden Aussagen zum Thema *Sex – erstes Mal*.

Sex ist erst in der Ehe angebracht.

Wenn man Sex hat, dann hat man auch Verantwortung.

Jugendliche unter 16 Jahren sollten keinen Sex haben.

Für die Verhütung ist die Frau zuständig.

Du wirst sexuell zu etwas gedrängt, was du nicht tun möchtest.

Man sollte erst Sex haben, wenn man sicher ist, dass man mit dem Partner/der Partnerin zusammenbleibt.

Deine Eltern sagen zu dir: „Ich verbiete dir, vor deinem 18. Geburtstag Sex zu haben."

Vor dem ersten Mal sollte man mit dem Partner/der Partnerin über Sex sprechen.

Das erste Mal sollte spontan und ohne große Planungen passieren.

Es ist wichtig, sich über Verhütungsmethoden zu informieren, bevor man Sex hat.

Das erste Mal wird vermutlich nicht so romantisch und perfekt, wie es in Filmen gezeigt wird.

Dein Partner/deine Partnerin sagt: „Ich liebe dich noch mehr, wenn du mit mir schläfst."

c) Diskutiert, was ihr von den jeweiligen Aussagen haltet.
Achtet darauf, dass die Diskussion respektvoll und konstruktiv bleibt, auch wenn unterschiedliche Meinungen vertreten werden.

ABSCHNITT 9

Überschrift ______________________

wichtige Figuren ______________________

weitere Figuren ______________________

Orte ______________________

Monat und Jahreszahl ______________________

Abschnitt 10 (S. 220–247)

Aufgabe 1

Das Verhör Harros wird in diesem Abschnitt ausgespart. Aber du hast es schon einmal gelesen – im Prolog.

a) Lies ergänzend zu Abschnitt 10 noch einmal den Prolog auf den Seiten 7–11, um Harros Situation im Gefängnis besser verstehen zu können.

b) Formuliere anhand der untenstehenden zwei Verhörprotokolle eine zusammenhängende Inhaltsangabe zum Verhör Harros in deinem Heft im Präsens.

Haft

Notizen zum Verhör Nr. 1

Datum: 06.05.1937

Ort: Polizeigefängnis, Wächterstraße/Leipzig

Befragte Person: Harro Jäger

Fragen:

1. Alter: 16 Jahre
2. Wohnort: Adolf-Hitler-Straße 157
3. Tätigkeit: Schüler
4. Notizen
   - Eintritt in die HJ verspätet
   - Früher Austritt aus HJ > Begründung: Differenzen mit Kameradschaftsführer
   - verneint Bekanntschaft mit Konrad Weißgerber und Harry Sommer
   - Bekanntschaft: Heinrich Umrath

Jäger zeigt geringe Kooperation.

Maßnahmen:

Gewaltanwendung notwendig;
Aufenthalt im Gefängnis

Notizen zum Verhör Nr. 2

Datum: 08.05.1937

Ort: Polizeigefängnis, Wächterstraße/Leipzig

Befragte Person: Harro Jäger

Verhörtem werden Fotobögen vorgelegt. Er verneint die Bekanntschaft mit abgebildeten Personen.

glaubwürdig?

Verhörter gibt Bekanntschaft mit Umrath zu.

leugnet enges Verhältnis

Jäger zeigt nach wie vor nur geringe Kooperationsbereitschaft, aber vermutlich nicht mehr von Nutzen.

Maßnahmen:

Aufenthalt im Gefängnis weiterhin sinnvoll, aber Entlassung am 09.05.1937 (morgens); weiterhin unter Beobachtung?!

c) Eine Woche später wird auch Heinrich von der Gestapo abgeholt.
Von diesem Verhör erfahren die Leser/-innen im Buch lediglich Andeutungen.
Lies den nachfolgenden fiktiven Dialog und fasse seinen Inhalt ebenfalls knapp in deinem Heft im Präsens zusammen.

d) Führe den Dialog sinnvoll in deinem Heft weiter (Textsortenmerkmale ▶ Seite 65).

Kommissar: *Herr Umrath, wissen Sie, warum Sie hier sind?*

Heinrich: *Nein, ich weiß es nicht. Und mussten die Handschellen wirklich sein?*

Kommissar (gibt Heinrich eine Ohrfeige): *Wem wir Handschellen anlegen, das entscheiden noch immer wir. Sie sind wegen des Verdachts auf Verstoß gegen Paragraph 175 verhaftet worden. Was haben Sie dazu zu sagen?*

Heinrich: *Was soll das denn sein?*

Kommissar: *Stellen Sie sich nicht dümmer als Sie sind, Sie Perverser. Wir werden Ihnen Ihre krankhaften Verhaltensweisen schon noch austreiben. Kennen Sie Harry Sommer?*

Heinrich: *Harry Sommer? Mhm ... Gesehen, mal flüchtig.*

Kommissar: *Den kann man nicht übersehen. Wo soll das gewesen sein?*

Heinrich: *Auf der Straße mal.*

Kommissar: *So, so. Auf der Straße mal. Ich warne Sie, Umrath. Versuchen Sie nicht, mich zu täuschen. Wir haben eindeutige Beweise, dass Sie und Sommer zusammen gesehen wurden.*

Heinrich (überlegt): *Hmm ... Auf der Peterstraße, im Winter. Das ist ewig her. Aber da war ich nicht alleine mit ihm, sondern es waren noch Freunde dabei.*

Kommissar: *Freunde?! Zum Beispiel Harro Jäger?! In welchem Verhältnis stehen Sie zu ihm?*

Heinrich: *Wir sind Nachbarn. Was genau werfen Sie mir vor? Dass ich Freunde habe?*

Kommissar: *Sind Sie sich überhaupt bewusst, welche Konsequenzen ein Verstoß gegen Paragraph 175 hat? Es wäre besser für Sie, wenn Sie die Wahrheit sagen.*

e) Lies den Informationstext auf ▶ Seite 59, um mehr über Paragraph 175 zu erfahren.

*Das Gebäude des ehemaligen Gefängnisses der Gestapo in Leipzig, die „Wächterburg" (Infotext auf ▶ **Seite 58**), im Mai 2024. Nicht nur Harro und Heinrich, sondern viele Mitglieder der Meuten wurden dort verhört. Das Gebäude befindet sich ganz in der Nähe des Bundesverwaltungsgerichts in Leipzig.*

➲ Aufgabe 2

Zeit für einen kleinen Rückblick: Zu Beginn hast du dir Gedanken darüber gemacht, wer die Leipziger Meuten waren, was sie getan haben und wie das Buch enden könnte.

a) Wie sah die Opposition tatsächlich aus?

____

____

____

____

____

____

____

b) Vergleiche deine Antwort aus Aufgabe a) mit deinen Antworten auf ▶ **Seite 15**.
Wo lagst du falsch, wo richtig?

____

____

____

____

c) Vergleiche das tatsächliche Ende des Romans mit deinen Überlegungen auf ▶ **Seite 16**.
Inwieweit haben sich deine Vermutungen bestätigt? Wo hast du daneben gegriffen?

____

____

____

____

➲ Aufgabe 3

Die Clique reagiert auffällig teilnahmslos darauf, dass Heinrich wegen seiner Homosexualität im Gefängnis sitzt.

a) Bildet Kleingruppen von drei bis vier Schüler/-innen.

b) Diskutiert in den Gruppen die folgenden fünf Fragen und schreibt eure Gedanken auf ein Notizblatt.

1. Warum reagiert die Clique womöglich so teilnahmslos auf Heinrichs Homosexualität und die Tatsache, dass er im Gefängnis sitzt?

2. Wie wurde Homosexualität im Dritten Reich wahrgenommen? (Infotext auf ▶ Seite 59)

3. Welche rechtlichen und gesellschaftlichen Konsequenzen drohten homosexuellen Männern in dieser Zeit?

4. Ist es in Ordnung, sich von einem Freund/einer Freundin abzuwenden, wenn er/sie gegen ein Gesetz verstoßen hat?

5. Wie würdet ihr reagieren, wenn ein Freund/eine Freundin wegen seiner/ihrer sexuellen Orientierung verhaftet werden würde?

c) Tragt abschließend die Ergebnisse eurer Gruppen in die Klasse. Tauscht euch im Plenum aus.

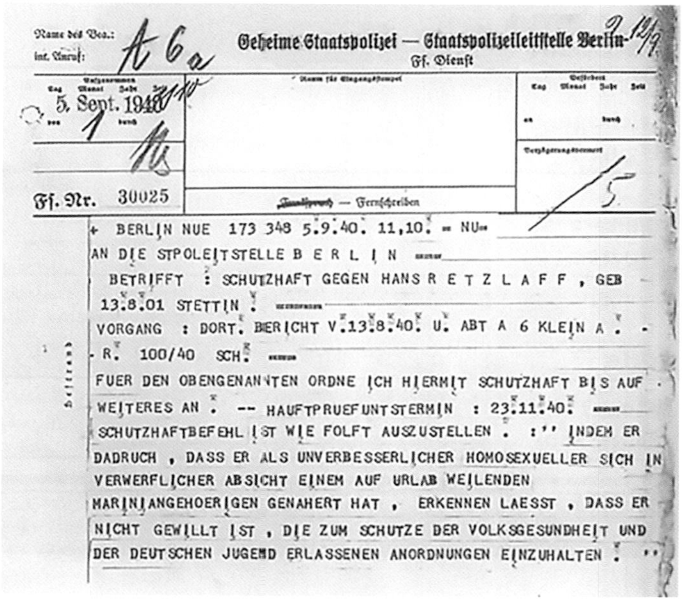

Geheime Staatspolizei — Staatspolizeileitstelle Berlin
Fs. Dienst
5. Sept. 1940
Fs. Nr. 30025
Fernschreiben

+ BERLIN NUE 173 348 5.9.40. 11,10. = NU=
AN DIE STPOLEITSTELLE B E R L I N ===
BETRIFFT : SCHUTZHAFT GEGEN HANS R E T Z L A F F , GEB 13.8.01 STETTIN . ===
VORGANG : DORT. BERICHT V.13.8.40. U. ABT A 6 KLEIN A . - R. 100/40 SCH. ===
FUER DEN OBENGENANNTEN ORDNE ICH HIERMIT SCHUTZHAFT BIS AUF WEITERES AN . -- HAUFTPRUEFUNTSTERMIN : 23.11.40. ===
SCHUTZHAFTBEFEHL IST WIE FOLFT AUSZUSTELLEN . :'' INDEM ER DADRUCH , DASS ER ALS UNVERBESSERLICHER HOMOSEXUELLER SICH IN VERWERFLICHER ABSICHT EINEM AUF URLAB WEILENDEN MARINIANGEHOERIGEN GENAHERT HAT , ERKENNEN LAESST , DASS ER NICHT GEWILLT IST , DIE ZUM SCHUTZE DER VOLKSGESUNDHEIT UND DER DEUTSCHEN JUGEMD ERLASSENEN ANORDNUNGEN EINZUHALTEN . ''

Gestapo-Anordnung auf Schutzhaft gegen einen „unverbesserlichen Homosexuellen“
Foto: wikimedia, gemeinfrei

SCHREIBAUFGABE 3 – Dialog: Die Zeitreise

a) Lies die formalen Vorgaben für einen Dialog auf ▶ Seite 65.

b) Verfasse zu der nachfolgenden Aufgabenstellung einen kreativen Text in deinem Heft.

„Die Verletzung auf dem Handrücken vernarbte langsam. An den Rändern war ein roter Kreis, in der Mitte dünne, weißgelbe Haut. [...] Edgar und ich umarmten uns. Dann lief ich los, auf Leipzigs schönste Straße. Ich hatte gewählt. Die Zukunft war ungewiss."
(S. 247, Z. 18–23)

Stell dir vor, du reist in der Zeit zurück und triffst auf Harro. In eurem Gespräch geht es um die wichtigsten Erlebnisse der Clique und Harros Beziehung zu Käthe.

➲ **Schreibe diesen Dialog (ungefähr 250 Wörter).**

Hinweis: In der Abschlussprüfung des Freistaates Sachsen sind die Aufgaben etwas anders formuliert. Du findest die Schreibaufgabe im Stil dieser Prüfung auf ▶ Seite 64 des Heftes.

ABSCHNITT 10

Überschrift

wichtige Figuren

weitere Figuren

Orte

Monat und Jahreszahl

Hintergrundinformationen

Innenpolitik des Deutschen Reiches in den Jahren 1936 und 1937

Bereits kurz nach der **Machtergreifung** im Jahr **1933** festigte Hitler seine Macht durch die **Gleichschaltung der Gesellschaft**, bei der sämtliche unabhängige Institutionen entweder abgeschafft oder in das NS-System integriert wurden. So wurde unter anderem am 01.12.1936 die Hitlerjugend per Gesetz zur Staatsjugend und somit einzigen legitimen Jugendorganisation erklärt.

In den ersten Jahren der Herrschaft der Nationalsozialisten wurde der **Führerkult** um Hitler intensiviert und es fanden groß angelegte **Propagandaaktionen** statt, um die Ideologie der NSDAP zu verbreiten.

Zu den größten Massenveranstaltungen dieser Art zählen die **Nürnberger Reichsparteitage**. 1934 drehte die Regisseurin Leni Riefenstahl den Propagandafilm *Triumph des Willens* über den sechsten Reichsparteitag, bei dem sie das mehrtägige Geschehen begleitete und die aufwendige Inszenierung 1935 in die Kinos brachte. Den Zuschauer/-innen wurden Flaggenmeere, Fackelläufe, Gedenkmärsche, epische Musik und Reden präsentiert – Propaganda zur Unterhaltung der Massen.

Neben den Reichsparteitagen waren die **Olympischen Sommerspiele** in Berlin im August 1936 ein weiteres Großereignis, das vom NS-Regime ebenfalls als Propagandainstrument genutzt wurde, um ein friedliches und gastfreundliches Deutschland zu präsentieren. Die Spiele waren von pompösen Inszenierungen geprägt. Auch dieses Ereignis, das ca. drei Millionen Menschen verfolgten, inszenierte Riefenstahl in ihren Propagadafilmen *Fest der Schönheit* und *Fest der Völker*, die 1938 in die Kinos kamen.

In den Jahren 1936/1937 war die deutsche Wirtschaft stark von einer **Politik der Autarkie und Aufrüstung** geprägt: Das Land sollte zum einen von anderen Staaten wirtschaftlich unabhängig und zum anderen innerhalb von vier Jahren kriegsbereit werden. Große **Bauprojekte** wie Reichsautobahnen wurden durchgeführt, was zu einer **Senkung der Arbeitslosigkeit** führte und gleichzeitig die **Infrastruktur für militärische Zwecke** verbesserte.

Andersdenkende, Minderheiten wie die Sinti und Roma und politische Gegner wie Mitglieder der SPD und KPD wurden durch die **Gestapo** und **SS** verfolgt, inhaftiert oder „verschwanden", was in *Bis die Sterne zittern* mehrfach angedeutet wird.
Die **Nürnberger Rassengesetze**, die bereits 1935 eingeführt wurden, hatten weitreichende Diskriminierungen gegen Juden zur Folge, die sich in den Folgejahren intensivierten. Ein Beispiel hierfür findet sich auf Seite 126 des Romans, wo Juden der Zutritt zu einem Geschäft verwehrt wird.
Die **„Arisierung" der Wirtschaft**, d. h. die systematische Entfernung von Juden aus dem wirtschaftlichen Leben, wurde darüber hinaus vorangetrieben.

Außenpolitik des Deutschen Reiches in den Jahren 1936 und 1937

Die deutsche Außenpolitik in den Jahren 1936 und 1937 war von einer zunehmenden **Aggressivität und Expansion** geprägt, die sich anhand dreier Ereignisse aufzeigen lässt.

Remilitarisierung des Rheinlands – März 1936

Ein Schlüsselereignis im Jahr 1936 war die **Remilitarisierung des Rheinlands** und die damit verbundene Errichtung von Garnisonen in den Städten Aachen, Trier und Saarbrücken.
Dieser Schritt verstieß sowohl gegen die Bestimmungen des Versailler Vertrags von 1919, der nach dem Ersten Weltkrieg vom Deutschen Reich unterzeichnet worden war, als auch gegen den Locarno-Vertrag von 1925. Beide Dokumente schrieben die Entmilitarisierung des Rheinlands vor.
Die Entscheidung Hitlers, Truppen in dieses Gebiet zu entsenden, war daher riskant, doch **Frankreich und Großbritannien duldeten diesen Schritt** und protestierten lediglich.
Diese Zurückhaltung jedoch stärkte Hitlers Position im Inland und ermutigte ihn zu weiteren aggressiven Schritten, da von den anderen Staaten der Anschein erweckt wurde, dass sie seine **Expansionspolitik** duldeten (tolerierten).

Die Achse Berlin-Rom – November 1936

Ebenfalls 1936 wurde die **Achse Berlin-Rom** etabliert, ein **Bündnis** zwischen **Deutschland** und dem ebenfalls faschistischen **Italien** unter Mussolini, dem „Duce".
Die Annäherung beider Staaten begann bereits mit einem Besuch Hitlers in Venedig 1934 und wurde durch das gemeinsame Interesse an der **Schwächung des britischen und französischen Einflusses sowie der Bekämpfung des Kommunismus** gefestigt.
1939 wurde das Bündnis im sogenannten **„Stahlpakt"** bekräftigt. Beide Staaten gelten als die ersten **Achsenmächte**, zu denen im Laufe des Zweiten Weltkrieges noch weitere Staaten wie Japan stießen.

Hossbach-Niederschrift – November 1937

In der Hossbach-Niederschrift, ein Protokoll einer Konferenz, bei der Hitler seine **langfristigen Expansionspläne** seinen militärischen und politischen Führungskräften darlegte, sprach er von der **Notwendigkeit lebenswichtigen Raums.**
Dabei betonte er die Bedeutung **Österreichs** und der damaligen **Tschechoslowakei** für diese Pläne. Dieses Dokument zeigt, dass Hitlers Ambitionen auf eine **umfassende Gebietsvergrößerung des Deutschen Reiches** (territoriale Expansion) abzielten.
Hitler vertraute – ohne Nennung von Gründen – darauf, dass weder Frankreich noch Großbritannien militärisch eingreifen (intervenieren) würden.
In den **Nürnberger Prozessen** nach dem Zweiten Weltkrieg wurde das Dokument als **Beweis für die Vorbereitung eines Angriffskrieges** seitens des Deutschen Reiches herangezogen.

Leipzig in den Jahren 1936 und 1937

Die nationalsozialistische Gleichschaltung im Deutschen Reich zeigte in Leipzig ihre Auswirkungen. Auch dort wurden **lokale Institutionen und Organisationen** entweder **aufgelöst oder gleichgeschaltet**, was bedeutete, dass sie unter die Kontrolle des Regimes gestellt wurden. Die **jüdische Gemeinde** Leipzigs, die vor 1933 ein blühender und wichtiger Bestandteil des gesellschaftlichen Lebens war, wurde zunehmend **ausgegrenzt und verfolgt**.

Die **Wirtschaft** wurde allmählich auf **Kriegsvorbereitung** ausgerichtet. Industrien, die für die Rüstung wichtig waren, erlebten daher einen Aufschwung. Der **Vierjahresplan**, der 1936 eingeführt wurde und auf die wirtschaftliche Unabhängigkeit von anderen Ländern **(Autarkie)** und **militärische Aufrüstung** abzielte, beeinflusste auch Leipzigs Industrielandschaft.
Weitergeführt wurde die **Leipziger Messe**, auf der 1936 Erfindungen wie die Bildtelefonie vorgestellt wurden. 1937 wurde Leipzig zur **Reichsmessestadt** erklärt. Bis heute ist die Stadt als Messestadt unter anderem durch die **Leipziger Buchmesse** bekannt.

Das kulturelle Leben in Leipzig war ebenfalls von der nationalsozialistischen Ideologie geprägt. Zwar versuchte das Regime, Kunst und Kultur als Mittel zur Propaganda zu nutzen, doch viele **kulturelle Aktivitäten** wurden **zensiert** oder **verboten**, insbesondere wenn sie von Personen jüdischer Herkunft geleitet wurden.
So ließ beispielsweise der stellvertretende Leipziger Bürgermeister Haake (NSDAP) eine **Statue des jüdischen Komponisten Felix Mendelssohn Bartholdy** in der Nacht zum 10. November 1936 abreißen, woraufhin der Bürgermeister Goerdeler aus Protest zurücktrat und in den Widerstand ging.
Trotz aller Maßnahmen blieb Leipzig ein Zentrum für klassische Musik. Dass die 1847 gegründete jüdische Gemeinde mit ihren etwa 12.000 Mitgliedern in Leipzig zu dieser Zeit immer noch aktiv war, zeigt sich auch in einem eigenen Sportverein junger Männer, der zu diesem Zeitpunkt noch nicht verboten war.

Das Mendelssohn-Denkmal im Hof der Thomaskirche in Leipzig wurde 2008 als Nachbildung des von den Nazis abgerissenen Denkmals wieder aufgestellt.

Die **Universität Leipzig** und andere Bildungseinrichtungen wie **Schulen** wurden **gleichgeschaltet**. Lehrpläne und Forschung wurden ideologisch ausgerichtet, um die nationalsozialistische Weltanschauung zu stärken. Juden und politisch Andersdenkende wurden zunehmend aus akademischen Positionen – wie aus Professuren – verdrängt.

Trotz eines **Klimas der Unterdrückung (Repression)** gab es in Leipzig auch **Widerstand** gegen das Regime. Einige Bürger und Gruppen, darunter auch Studenten und Kirchenmitglieder, versuchten, sich gegen die Unterdrückung zu wehren, obwohl solche Aktivitäten äußerst gefährlich waren und oft mit harter Bestrafung geahndet wurden. Der Roman *Bis die Sterne zittern* begleitet eine dieser Oppositionsgruppen, die *Leipziger Meuten*.

Das öffentliche Schulsystem in der NS-Zeit

Die Bildungspolitik und das nach Geschlechtern getrennte Schulwesen während der NS-Zeit waren von einer strengen **Gleichschaltung, Indoktrination** und einer **Militarisierung der Erziehung** geprägt. Am 7. April **1933** trat das ***Gesetz zur Wiederherstellung des Berufsbeamtentums*** in Kraft, in Folge dessen sozialistische, pazifistische und jüdische Lehrkräfte, Rektoren und Schulräte entlassen wurden. Bereits einen Monat später wurde das ***Gesetz gegen die Überfüllung deutscher Schulen und Hochschulen*** eingeführt, das die „Rassenzugehörigkeit“ als Mittel zur Auslese (Selektion) an höheren Schulen und an Universitäten einsetzte.

Im Zuge der Gleichschaltung wurden sämtliche Inhalte, Lehrkräfte und Bildungseinrichtungen unter die Kontrolle der NSDAP gestellt. Lehrende wurden gezwungen, Mitglieder des **Nationalsozialistischen Lehrerbundes (NSLB)** zu werden. Er vermittelte und überwachte die nationalsozialistische Weltanschauung in der Schule. Auch gab er die propagandistische **Schülerzeitung *Hilf mit!*** mit Themen wie Rassenlehre, „Heldengeschichten“ aus dem Ersten Weltkrieg, aber auch z. B. Verkehrserziehung heraus.

Schülerzeichnung
Foto: Schulmuseum – Werkstatt für Schulgeschichte Leipzig, Ausstellung „Schule unterm Hakenkreuz“

Die **Lehrpläne** wurden überarbeitet, um den Schüler/-innen die **nationalsozialistische Ideologie** näherzubringen. **Rassismus, Antisemitismus** und die **Überlegenheit der „arischen Rasse“** waren zentrale Themen im Unterricht. Fächer wie Kunst, Geschichte, Biologie und sogar Textaufgaben im Fach Mathematik wurden dazu benutzt, rassistische Theorien und politische Propaganda zu lehren, worauf auf Seite 86 des Romans angespielt wird. Das **Fach *Rassenkunde*** wurde eingeführt, um die rassistischen Ideen der Nazis „wissenschaftlich“ zu legitimieren. Auch wurden **Fahnenappelle** durchgeführt und **Bilder Adolf Hitlers** sowie das **Hakenkreuz** waren an Schulen allgegenwärtig.
Die Erziehung im Dritten Reich legte auch großen Wert auf **körperliche Ertüchtigung** und **Militarisierung**. Die Stundenzahl des Faches Sport wurde daher erhöht und diente der Vorbereitung der Jugend auf den Wehrdienst.

Die **Prügelstrafe**, die in der Weimarer Republik abgeschafft worden war, führte man im Dritten Reich im Sinne einer vollständigen Unterordnung der Schüler/-innen wieder ein. In der Deutschen Demokratischen Republik (DDR) wurde sie 1949 abgeschafft, im Großteil der Bundesrepublik Deutschland (BRD) als Folge der 68er-Bewegung 1973, in Bayern als Schlusslicht 1983.

Jüdische Kinder und solche, die man als „nicht-arisch“ oder „minderwertig“ ansah, wurden systematisch **aus dem regulären Schulsystem ausgeschlossen**. Ab 1938 durften jüdische Kinder nur noch **jüdische Schulen** besuchen, die unter starker Beobachtung standen und schließlich **ganz geschlossen** wurden. Diese Form der Diskriminierung war Teil des Alltags im Schulsystem, dem auch Paul, der Mitschüler und Freund Harros, zum Opfer gefallen ist.

Die Hitlerjugend und der Bund deutscher Mädel

Die 1926 gegründete Hitlerjugend (HJ) war sowohl für Jungen als auch für Mädchen die **Jugendorganisation der Nationalsozialistischen Deutschen Arbeiterpartei (NSDAP).** Bis zu ihrer Auflösung 1945 spielte sie eine zentrale Rolle in der regimetreuen Erziehung, Indoktrination und Strukturierung des Alltags der deutschen Jugend im Dritten Reich.

Die Mitgliedschaft in der HJ war zunächst freiwillig, doch nach der Machtergreifung **1933** begann eine **Gleichschaltung** der noch nicht verbotenen Jugendorganisationen. **1936** wurde die HJ zur **Staatsjugend** erklärt und die Mitgliedschaft quasi verpflichtend gemacht. Im Jahr **1939** kam per Gesetz durch die **„Jugenddienstpflicht"** die **Zwangsverpflichtung** zur Mitgliedschaft für 10–18-Jährige – mit Ausnahme von Juden, Sinti und Roma und Menschen mit körperlichen Beeinträchtigungen. Somit stieg die Mitgliederzahl auf knapp 9 Millionen Mädchen und Jungen an. Alle waren zur Stärkung des Gemeinschaftsgefühls verpflichtet, eine **Uniform** in Spezialgeschäften zu kaufen und zu tragen (▶ **Seite 29**).

Pimpfe (Halle)
Foto: Archiv der deutschen Jugendbewegung Burg Ludwigstein, 37214 Witzenhausen, Signatur: AdJb F1_515_060

Jungen im Alter von 10–14 Jahren wurden zunächst als „Pimpfe" Mitglied im **Deutschen Jungvolk (DJ)**, die **14–18-Jährigen** in der **Hitlerjugend**. Das heißt, dass es innerhalb der großen Organisation der Hitlerjugend eine gleichnamige HJ für die 14–18-Jährigen gab. Dort wurden unter anderem folgende Angebote und Aktivitäten angeboten:

- **Sportliche Aktivitäten** wie Leichtathletik, Schwimmen, Wandern, Skifahren und andere Sportarten, um die körperliche Leistungsfähigkeit zu steigern.
- **Militärische Ausbildung:** Die Mitglieder der HJ erhielten eine militärische Grundausbildung, die im Zweiten Weltkrieg direkt in den Kriegsdienst überging.
- **Politische Veranstaltungen** dienten dazu, die Jugendlichen mit der nationalsozialistischen Ideologie zu indoktrinieren, einschließlich der Lehren über Rassenhygiene und der Feindschaft gegenüber Juden und anderen als „minderwertig" betrachteten Gruppen.

Zentral für die Gemeinschaft waren die verpflichtenden wöchentlichen **Heimabende**, die auch im Roman thematisiert werden. Dort wurden propagandistische Radiosendungen gehört, vormilitärische Übungen durchgeführt und künftige Veranstaltungen und Ausflüge wie Sammelaktionen oder Winterlager geplant.

Für die Mädchen gab es ab 1930 analog zum DJ und zur HJ mit denselben Altersstufen den **Jungmädelbund (JM)** und den **Bund deutscher Mädel (BDM)**. Bis auf die militärische Ausbildung waren die Angebote für Mädchen vergleichbar mit denen der Jungen.

Viele ehemalige Mitglieder berichteten nach 1945 rückblickend positiv über ihre Zeit in der HJ. Dabei hoben sie vor allem die Gemeinschaft, die gemeinsamen Abende und Ausflüge hervor. Die erlebte Indoktrination wurde dabei oftmals ausgeblendet.

Tanz „Windmüller" des BDM
Foto: Archiv der deutschen Jugendbewegung Burg Ludwigstein, 37214 Witzenhausen, Signatur: AdJb F1_740_003

Ausgewählte Organisationen im Dritten Reich – SA, SS und Gestapo

Die Sturmabteilung (SA)

Die SA wurde 1920 gegründet und war ursprünglich der **paramilitärische (militärähnliche) Arm der NSDAP**. Ihre Mitglieder dienten als **Schlägertruppen**, die Versammlungen der politischen Opposition störten und die Gegner der NSDAP einschüchterten. Die SA war maßgeblich am Aufstieg Hitlers beteiligt, da sie auch öffentliche Demonstrationen organisierte und durch ihre **gewalttätigen Aktionen** eine Atmosphäre der Angst schuf. Unter der Führung von **Ernst Röhm** wuchs die SA zu einer Organisation mit etwa 4,5 Millionen Mitgliedern im Jahr 1934. Röhms wachsender Einfluss und seine Vision, die Reichswehr durch die SA zu übernehmen, führten zu Spannungen mit der NS-Führung. Diese gipfelten im **„Röhm-Putsch“** bzw. der **„Nacht der langen Messer“** im **Juni 1934**, bei dem die SS und die Gestapo die Führung der SA, einschließlich Röhm, verhaftete und anschließend exekutierte. Inwieweit Röhms offene Homosexualität mitursächlich für seine Ermordung war, wird bis heute in der Forschung diskutiert. Davon unabhängig verlor die SA ab 1934 immer mehr an Bedeutung.

Die Schutzstaffel (SS)

Die SS wurde **1925** als **„Leib- und Prügelgarde“ Hitlers innerhalb der SA** gegründet. Unter der Führung von **Heinrich Himmler**, der 1929 zum Reichsführer der SS ernannt wurde, entwickelte sie sich zu einer mächtigen und effizient operierenden Organisation im Dritten Reich. Die **Allgemeine SS** war für die Durchführung der rassistischen Politik des Regimes, einschließlich der **Verwaltung der Konzentrations- und Vernichtungslager** und somit der Durchführung von **Massenmorden**, verantwortlich. Die **Waffen-SS** stellt eine militärische Einheit, die im Zweiten Weltkrieg an der Front kämpfte, aber ebenfalls an **Kriegsverbrechen** und dem **Holocaust** beteiligt war, dar.
Mit dem Bedeutungsverlust der SA stiegen die Macht und der Einfluss der SS.

Die Geheime Staatspolizei (Gestapo)

Die Gestapo wurde **1933** kurz nach der „Machtergreifung“ gegründet. Als **politische Polizei** des Dritten Reichs hatte sie die Aufgabe, jede Form von **Opposition zu unterdrücken**. Sie handelte (operierte) ohne jegliche gerichtliche Aufsicht, was sie zu einem sehr effektiven und somit gefürchteten Werkzeug des Regimes machte.
Die Gestapo **arbeitete eng mit der SS zusammen**, insbesondere nach der Ernennung Himmlers zum Chef der gesamten deutschen Polizei im Juni 1936, womit er neben der Kontrolle über die SS auch die über die Gestapo erlangte.
Die Aufgaben dieser Organisation umfassten die **Bespitzelung**, **Überwachung** und **Verhaftung** von politischen Gegnern, die Durchführung von **Verhören**, **Folter** und die **Deportation** von Juden und anderen unliebsamen Bevölkerungsgruppen in Konzentrationslager. Auch Harro lernt in Kapitel 29 die Gestapo und ihre Methoden kennen.

Paragraph 175 – Der „Schwulenparagraph“

Paragraph 175 war ein Gesetz im deutschen Strafgesetzbuch, das im Kaiserreich **1871** eingeführt wurde und **„widernatürliche Unzucht“** – so der originale Wortlaut aus dem Jahr 1871 – zwischen Männern unter Strafe stellte. Auch in der Weimarer Republik hatte das Gesetz, auch als **„Sodomiegesetz“** bekannt, Bestand.
Es gab bereits damals wissenschaftliche und politische Initiativen zur Entkriminalisierung von Homosexualität unter Männern, die sich aber nicht durchsetzen konnten. Unter anderem der Arzt Magnus Hirschfeld vertrat die Ansicht, dass Homosexualität angeboren und daher nicht unter Strafe zu stellen sei.

Zum 1. September 1935 verschärften die Nationalsozialisten § 175, um eine breitere Palette von Männern zu kriminalisieren und die **„Volksseuche“** – so Heinrich Himmler – einzudämmen, was zu einer massiven Zunahme der Verfolgungen führte: *„Ein Mann, der mit einem anderen Mann Unzucht treibt oder sich von ihm zur Unzucht mißbrauchen läßt, wird mit Gefängnis bestraft.“* (§ 175) Für eine Verurteilung genügte bereits der bloße Verdacht.
Zwischen 1933 und 1945 wurden etwa **100.000 Männer** nach § 175 **inhaftiert**, davon wurden ungefähr **53.000 verurteilt**. Die Anzahl der Männer, die in **Konzentrationslager** geschickt oder in andere Formen der **Zwangsarbeit** gezwungen wurden, schwankt je nach Quelle zwischen **5.000 und 15.000.** Dort wurden die „175er“ genötigt, auf ihrer Häftlingskleidung den **„Rosa Winkel“** zu tragen, der sie auch vor den anderen Häftlingen als Homosexuelle stigmatisierte, was zu Misshandlungen führte.
Welches Schicksal Heinrich letztendlich ereilt, wird im Roman offengelassen.

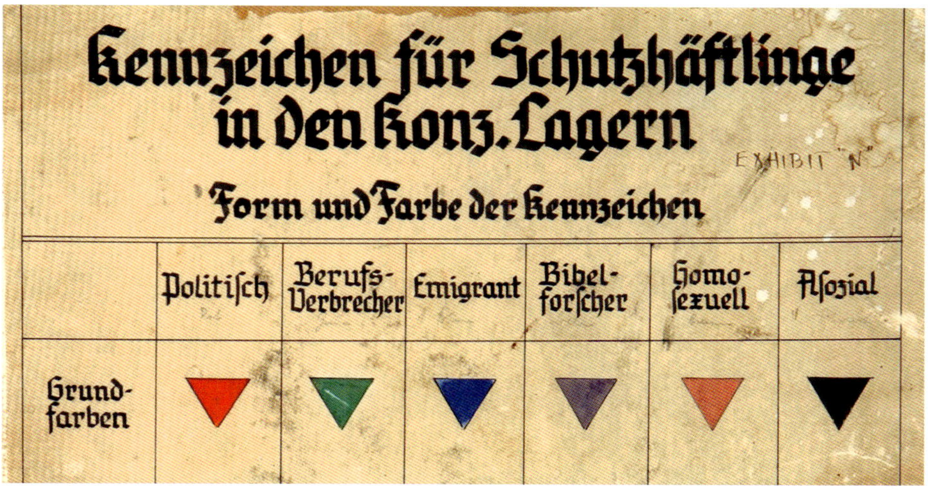

Kennzeichen für Schutzhäftlinge in den Konzentrationslagern (erste Zeile „Grundfarben“)
Foto: wikimedia (gemeinfrei)

Frauen betraf der Paragraph nicht, da sie nach Auffassung des Regimes trotz ihrer sexuellen Orientierung biologisch immer noch in der Lage seien, Kinder zu gebären.

Erst 1969 wurde der Paragraph in der Bundesrepublik Deutschland in seiner Reichweite beschränkt und 1994 – in der DDR bereits 1968 – vollständig aufgehoben. Die Verurteilungen unter dem Nazi-Verschärfungsparagraphen von 1935 wurden allerdings erst im Jahr 2002 durch den deutschen Bundestag aufgehoben.

Meine Gedanken zum Roman

Aufgabe 1

Notiere in Stichpunkten, welche Aspekte der Handlung dir gefallen bzw. nicht gefallen haben.

Hat mir gefallen	Hat mir nicht gefallen

Aufgabe 2

Denke abschließend noch einmal über den Roman nach. Begründe deine Antworten.

Welche Stelle im Roman hat dich angesprochen oder sogar beeindruckt?

Was hättest du bei den Figuren und/oder der Handlung anders gemacht?

Welche Aussage oder sogar Lehre nimmst du aus der Lektüre mit?

Aufgabe 3

a) Lies den kurzen Infotext *Was ist eine Rezension?*.

b) Schaue dir den Aufbau einer Rezension gut an.

Was ist eine Rezension?

Eine Rezension ist eine Bewertung eines Produkts, einer Dienstleistung, eines Buches, Films, einer Veranstaltung oder einer anderen Art von Erfahrung. In einer Rezension gibt jemand eine Meinung darüber ab, wie gut oder schlecht etwas nach der eigenen Einschätzung ist.

Diese Bewertungen dienen dazu, anderen Menschen bei ihrer Entscheidungsfindung zu helfen, indem sie Informationen und Einsichten bieten. Sie sind häufig auf Online-Plattformen wie Websites, sozialen Medien oder in Zeitschriften und Zeitungen zu finden.

Die Überschrift ist wie eine „Kürzestzusammenfassung" der Rezension.

Überschrift

1. Inhalt des Buches	2. Kritik	3. Kaufempfehlung oder -warnung
Deine Rezension beginnt mit einer knappen Zusammenfassung von *Bis die Sterne zittern*.	Gehe begründet auf mindestens drei Punkte ein, die du gelungen und/oder misslungen fandest.	Sprich am Ende aufgrund deiner Kritik eine Kaufempfehlung oder -warnung aus.

Theoretisch kann im Bereich „Kritik" auch ausschließlich Positives oder Negatives stehen. Meistens ist es aber so, dass man in einer Rezension beide Seiten finden kann.

Achte stets darauf, sachlich zu bleiben: Man kann auch etwas negativ bewerten, ohne ausfallend oder gar verletzend zu werden.

c) Formuliert in Kleingruppen eine Rezension zum Roman *Bis die Sterne zittern* (mindestens eine halbe Seite).

d) Es ist auch möglich, gemeinsam als Klasse eine Rezension oder auch eure offenen Fragen und Anmerkungen dem Autor Johannes Herwig zu schicken.

Der Autor Johannes Herwig

Eine Biografie und ein Interview mit dem Autor findest du im Downloadbereich (Zugangsdaten auf ▶ Seite 3). Um direkt dorthin zu gelangen, scanne den QR-Code.

Realschulabschlussprüfung Deutsch des Freistaates Sachsen

Was wird geprüft?

Die Abschlussprüfung, für die du insgesamt 4 Stunden + 20 Minuten Einlesezeit zur Verfügung hast, ist in zwei Teile unterteilt:

1. Es gibt zum einen einen **Pflichtteil**, in dem ca. 10 Aufgaben zum Textverständnis, das *untersuchende Erschließen*, gestellt werden (20 BE).
2. Im **zweiten Teil** ist eine von drei komplexen Aufgaben zur Textproduktion zu wählen, auch *erörterndes Erschließen* bzw. *gestaltendes Erschließen* genannt. Mögliche zu schreibende Texte sind hier unter anderem eine Erzählung, Figurenbeschreibung oder ein Artikel, Blogbeitrag, Interview, Dialog bzw. ein (innerer) Monolog (30 BE).
   In diesem zweiten Teil wird im Regelfall die Lektüre als eine der drei Aufgaben geprüft. Ob sie tatsächlich Thema in deinem Prüfungsjahr ist, verrät das Kultusministerium aufgrund des Prüfungsgeheimnisses nicht.

- **Bis zum Schuljahr 2024/2025** können die Lektüren *Faust – Der Tragödie erster Teil, Nathan und seine Kinder* und *Der Vorleser* die Textgrundlagen sein.
- **Ab dem Schuljahr 2025/2026**, also der Abschlussprüfung 2026, wird *Der Vorleser* durch *Bis die Sterne zittern* ersetzt. *Faust – Der Tragödie erster Teil* und *Nathan und seine Kinder* bleiben als mögliche Textgrundlage weiterhin erhalten.
- **Ab dem Schuljahr 2026/2027** können die Werke *Faust – Der Tragödie erster Teil, Bis die Sterne zittern* und *Taras Augen* Textgrundlage sein. *Nathan und seine Kinder* wird demnach ab der Abschlussprüfung 2027 ebenfalls ersetzt.

In der Prüfung wird keine Wortzahl vorgegeben, die du bei der Aufgabe zur Lektüre schreiben sollst. Ein grober Richtwert sind aber – je nach Handschrift – zwei bis drei Seiten. Auf weniger Seiten lassen sich die gestellten Aufgaben kaum vollumfänglich bearbeiten.
Hier siehst du, welche Ganzschriften in den letzten Jahren mit welchen Aufgabenstellungen gefordert waren:

2016	***Faust*** (keine konkrete Textsorte gefordert – Mischung aus Beschreiben und Erzählen)
2017	***Nathan und seine Kinder*** (Erörterung)
2018	***Nathan und seine Kinder*** (Innerer Monolog)
2019	***Der Vorleser*** (Innerer Monolog)
2020	***Nathan und seine Kinder*** (Dialog)
2021	keine Ganzschrift als Textgrundlage
2022	***Faust*** (Monolog)
2023	***Faust*** (Erörterung)

Auf den folgenden zwei Seiten findest du Aufgaben im Stil der Abschlussprüfung – mit und ohne Hilfestellung.

Aufgaben im Stil der Abschlussprüfung

Johannes Herwig: „Bis die Sterne zittern"

SCHREIBAUFGABE: INNERER MONOLOG VON HARRO

„Zwei kolossale Schattenrisse stiegen aus dem Auto und stapften behäbig, doch unaufhaltsam über die Wiese in den Park hinein.
[...]
Mein behütetes Leben zog an mir vorbei wie der Schirm einer Pusteblume. Ich verfluchte die Dummheit, die mich an diesen Ort gebracht hatte. Kieselsteine knirschten unter den Sohlen dicker Stiefel. Um den Lichtkegeln zu entkommen, duckte ich mich noch tiefer."

(S. 140, Z. 21–29)

Als Harro sich voller Angst in einem Gebüsch versteckt, gehen ihm in dieser kurzen Zeit tausend Sachen durch den Kopf.

➲ **Formulieren Sie einen inneren Monolog, der die Gefühle (Emotionen) und Gedanken Harros erkennbar werden lässt.**
Die nachfolgenden Fragen geben dir Impulse.

Wie bin ich überhaupt in diese Situation gelangt?

Was habe ich heute Nacht getan?

Was ist mit den anderen geschehen?

Wie wird die Nacht enden?

Will ich mein Leben so weiterführen?

...

Hinweis

Eine Grafik wie hier kann, aber muss nicht als Hilfestellung vorgegeben werden.
Du solltest daher in der Lage sein, eine solche Aufgabe auch ohne vorgegebene Fragen zu beantworten.
Schreibe ca. 500–700 Wörter/2–3 Seiten.

Johannes Herwig: „Bis die Sterne zittern"

SCHREIBAUFGABE: GESPRÄCH MIT HARRO

„Ich setzte den Ring auf meinen linken Zeigefinger und betrachtete ihn. Die Verletzung auf dem Handrücken vernarbte langsam. An den Rändern war ein roter Kreis, in der Mitte dünne, weißgelbe Haut.
[...]
Edgar und ich umarmten uns. Dann lief ich los, auf Leipzigs schönste Straße. Ich hatte gewählt. Die Zukunft war ungewiss." (S. 247, Z. 17–23)

Stellen Sie sich vor, Sie reisen in der Zeit zurück und treffen Harro nach Heinrichs Verhaftung.

➲ **Formulieren Sie ein Gespräch mit Harro. Sprechen Sie mit ihm über die erlebte Freundschaft in der Clique, die wichtigsten gemeinsamen Erlebnisse und seine Beziehung zu Käthe. Berücksichtigen Sie Harros politische Haltung.**

Hinweis: Schreibe ca. 500–700 Wörter/2–3 Seiten.

Johannes Herwig: „Bis die Sterne zittern"

SCHREIBAUFGABE: ERÖRTERUNG

„Natürlich war es das wert. Das zu sein, was und wie man war oder was und wie man sein wollte, war das Wichtigste überhaupt. Es war das, was das Leben lohnend machte." (S. 240, Z. 9–12)

Gegen Ende des Romans gelangt Harro für sich zu dieser Erkenntnis.
Geht es im Leben darum, sich stets selbst zu verwirklichen? Gibt es Situationen, bei denen diese Haltung womöglich hinderlich sein kann?

➲ **Erörtern Sie diese Fragestellung im Hinblick auf Harros Biografie.**

Hinweis: Schreibe ca. 500–700 Wörter/2–3 Seiten.